‘새가 되고 물고기가 되어서’

– 부모와 교사가 활용하는
‘아동의 환경평가’ 미술치료 진단그림 소개 –

부모와 교사가 활용하는

'아동의 환경평가'

미술치료 진단그림 소개

새가 되고 물고기가 되어서

박은미·백경미 공저

동문사

들어가는 말

작은 씨앗 속에는 이미 완성된 꽃이 내재되어 있다.

그와 같이 우리는 '온전한 그대로의 모습'으로 아이들을 받아들이고 있는가?

우리는 사랑이라는 이름으로 그들에게 타인의 동기를 부여하며 다른 모습을 기대하고 있지는 않는가? 안타깝게도 자신의 꽃을 피우지 못하는 아이들은 많은 억압과 상처를 가지게 된다. 그들은 '있는 그대로의 자신의 모습'이 드러나서 인정받기를 원한다. 미성숙해서 자기를 나타내기 힘들고 무엇이 문제인지조차 모르는 우리 아이들의 마음에 쉽게 닿는 길은 없을까?

이 책은 그림으로 아동의 마음환경을 진단하는 '아동의 환경평가'를 소개한다. 저자들은 미술치료전문가로서 또는 교사로서 한창 자라나는 아동들과 청소년들을 상담실이나 학급에서 많이 만나 볼 수 있었다. 그들의 문제를 미술치료 그림 진단으로 들여다보고 이야기도 듣다보면 예전보다 가정적 · 사회적 외부환경은 나아졌지만 그들의 내면은 점점 더 불안하고 힘들어하고 있음을 알 수 있었다. 많은 아이들이 가정에서 그들에게 필요한 내면의 자양분을 충분히 얻지 못하고 안전함을 느끼지 못하며 학교 집단속에서도 경쟁과 함께 분리됨을 두려워하고 있었다.

'아동의 환경평가' 진단그림은 초등학교와 중 · 고등학교에서 학급단위로 2~6회기의 미술치료 시간을 진행할 때 주로 첫 시간에 활용되었다. 약 7년에 걸쳐 수많은 학급에서 '아동의 환경평가'를 계속 실시할 수 있었던 것은 집단 구성원들의 다양한 문제를 한 장의 그림으로 드러내기에 매우 유용하였기 때문이다. 그들이 가진 각기 다른 환경만큼이나 다양한 심리그림이 그려졌다.

'새와 물고기'라는 동물을 통해서 아이들은 안전하고 은유적으로 표현하며 솔직한 자신의 이야기를 할 수 있었다. 아이들의 정체성이 방어 없이 자연스럽게 드러나고 그들의 내면의 경험과 감정도 잘 보였다. 그들의 외부적 상황과 내적인 환경들이 선명하게 드러났다. 특히 자신을 드러내기 힘든 학급집단에서 감정을 노출하는 경험은 진실을 말할 용기를 얻는 결과도 주었다.

어느 장소든 안전하게 진실을 말하고 그것이 잘 받아들여질 때 아이들은 또 다른 이들의 진실에도 민감하게 반응을 하게 될 것이다. 또한 아이들 자신의 이야기를 통해 부모와 교사와 교감하는 방법도 알게 될 것이다. 나아가 진실을 동반한 아동과 교사, 어린이와 부모, 아동과 아동 등의 생생한 만남은 자신들에게 삶을 살 만하게 만드는 생명력을 심어줄 것으로 확신한다. 어쩌면 아이들은 자신의 진실을 보이고 누군가 들어주는 것만으로도 존중받고 있다고 느낄 것이며, 그 때 비로소 '있는 그대로의 나'로 이해받아 행복해질 것이다.

이 책을 통해 제시된 '아동의 환경평가' 그림 진단이 초등학교 및 중고등학교, 미술치료, 심리상담, 아동복지 및 청소년 복지 등의 제반 관련 분야에서, 앞으로 유용하게 활용되기를 기대한다. 가정에서 부모와 자녀가, 학교에서 학급단위로 담임 선생님과 학생들이, 그 외 다양한 집단에서 자유롭고 창의적으로 사용되기를 희망한다.

저자들은 '아동의 환경평가' 진단그림이 상담장면에서 매우 유용하였기에 먼저 책으로 소개하게 되었다. 앞으로 많은 미술치료 및 심리상담 전문가들에 의해 이 그림 진단이 더 연구될 것을 기대해본다.

이 책이 완성될 수 있도록 가장 귀중한 자료로써 자신의 진솔한 그림과 이야기를 제공해준 아이들과 그것을 허락해 주신 선생님들에게 감사드린다.

2020. 11.

저자 박은미 · 백경미

차 례

1장

환경평가 그림 진단

1 환경평가 그림 진단 소개

‘아동의 환경평가’ 그림 진단은 임상심리와 상담현장에서 사용할 수 있는 일종의 투사검사(Projective Test)이다. 이 책에서 소개하고자 하는 ‘아동의 환경평가’는 아동이나 청소년의 물리적 · 심리적 환경을 진단하는 그림검사이다.

환경이란 개인을 둘러싸고 있는 외계, 즉 모든 물리적 · 심리적 조건을 말한다(김연순, 2001). ‘아동의 환경평가’는 아동이나 청소년으로 하여금 그들을 둘러싸고 있는 가정과 학교, 사회의 환경 중 자신에게 유의미한 환경을 스스로 선택하여 그 심리적 상황을 그림으로 나타내게 한다.

즉, ‘아동의 환경평가’ 진단그림은 아동들이 물고기와 새의 이미지 도안을 선택하여 사용하면서 그 도안의 수만큼이나 동물들 간의 관계를 드러내며 곧 자신이 경험하고 있는 관계상의 심리적 문제를 투사하고, 이후 그 나머지의 배경과 환경을 그려 넣으며 자신이 처해 있는 외부적, 내부적 상황들을 그리게 된다. 아동들은 완성된 이미지를 이야기화하면서 자신의 세상을 은유적이지만 자세하게 표현하게 된다. 이러한 그림을 그리는 과정에서 그들의 가족과 가정의 상황들이 나타나기도 하고, 때로는 학교와 교실의 환경과 친구들과의 관계, 더 나아가 주변의 사회에서 영향을 받은 가치관과 문화까지 그려진다.

기존의 투사적 그림검사를 사용할 때는 검사하고자 하는 목표, 가령 가족상황이나 학교 내에서의 문제 등을 먼저 선택해서 그에 맞는 그림검사를 제시하는 방법들을 많이 사용하여 왔다. 그러나 ‘아동의 환경평가’는 내담자가 제시받지 않은 넓은 환경 중 스스로 환경을 선택할 수 있어서 그 진단의 범위가 매우 넓고 포괄적이라 할 수 있다. 그러므로 내담자의 문제 관련 환경을 빠르게 발견하고 불필요한 탐색의 시간을 줄이게 한다.

진단그림을 그리는 자가 직접적으로 자신을 주인공으로 내세운 그림을 그리고 자신의 환경을 여과 없이 그려낸다는 것은 매우 어려운 일이다. 대신 친근한 동물을 자신과 동일시하고 자신의 심리를 투사하여 이야기를 만들어내는 일은 그리는 자로 하여금 거부감 없이 진행하도록 시키기에 용이하다.

새와 물고기 이미지는 단순하여서 어린 아동부터 어른에 이르는 전 세대가 친근하게 느끼며 사용하기에 부담스럽지 않다. 사람이 아닌 이러한 동물의 이미지 사용은 아동과 정서적으로 혼란한 자들의 미분화된 정신적 에너지를 표현하기에 적합하여 그들의 시각화된 무의식적 자기의 모습으로 활용하도록 유도한다. 이렇게 활용된 등장 동물은 행동의 주체가 되고 아동의 대변자가 된다.

아동들이 진단그림으로 사용하게 될 새와 물고기는 다양한 종류가 있으며 다양한 장소에서 서식한다. 그러므로 그들의 이미지는 사용하는 자에 따라 민물고기나 바닷물고기로 사용되기도 하고 집안의 새장이나 어항 안에도 살고 있는 동물로서 사용자가 투사할 다양한 대상으로 활용하기에 어려움을 주지 않는다.

또한, 비교적 작은 몸집의 새와 물고기의 이미지는 많은 마리 수를 활용 가능하게 한다. 그리고 실제로 이러한 동물들은 혼자 또는 무리로 지내기도 함으로써 사용자 역시 진단그림 작업 장면에서 마리 수의 적고 많음을 선택하는 일을 자연스럽게 진행하도록 한다. 그래서 결국 사용자가 선택한 그 마리 수에 따른 다양한 집합과 분리의 자연스런 위치 선정으로 말미암아 그리는 사람의 인간관계의 거리와 위치를 잘 드러낼 수 있게 한다.

새와 물고기가 사는 환경으로 그려지는 하늘과 바다는 주로 폐쇄적이지 않고 열려있는 공간이다. 도화지의 위나 아래의 빈 공간 어느 곳에서도 자유롭게 배치하여 사용할 수 있어서 공간사용에 지장을 주지 않으며, 이는 동물들 간의 역동적 심리거리를 잘 나타낼 수 있게 한다. 그리고 새와 물고기의 움직임의 방향과 시선을 통해 다양한 심리도 그려질 수 있다는 장점을 갖는다.

새와 물고기의 등장은 동화적 이야기 요소를 첨가해서 아동으로 하여금 친근하게 다가가고 방어 없이 즐겁게 작업을 시작하게 한다. 우리는 대부분 이야기를 통해 나를 표현한다. 내게 있었던 사건에 대해 표현하는 것도, 나의 생각을 표현하는 것도, 나의 감정을 표현할 때도, 내가 어떠한 사람인지 표현하는 것도, 나의 원하는 바 희망이나 욕구를 표현하는 것도, 행동하고자 하는 계획도, 심지어 화가 날 때조차도 모두 '이야기'라는 약속된 매개를 통해서 표현하고 있다. 그러나 이야기를 잘 구사하는 성인과 달리 어린이나 심리적으로 혼란하거나 격동적인 감정 속에 있는 청소년들은 자신을 잘 표현하지 못한다. '아동의 환경평가'의 진단그림을 그리는 사람들은 자신과 동일시된 동물을 주인공으로 내세워서 자신이 경험한 감정이나 사건, 바라는 욕구 등을 이야기가 담긴 한 장면으로 창조해낸다. 이러한 창조된 이야기를 탐색하는 과정에서 아동과 청소년은 자신의 이야기로 확장하거나 생각을 전환하는 등 이야기 치료적 요소도 활용하게 되므로 매우 유용한 그림검사이다.

실제로 상담 장면에서 실시해 보았을 때 매우 만족스럽게 내담자의 물리적 · 심리적 환경평가가 잘 나타났다. 본 저자들은 7년간 J시와 S시 소재의 30여 개의 초등학교와 중학교에 학급단위나 집단 상담과 개인 상담으로 만난 학생들을 대상으로 이 '아동의 환경평가' 그림 진단을 실시해왔으며 고등학생, 성인에 이르기까지 상담 장면에서 활용하였을 때 그들의 물질적 · 심리적 환경들이 잘 나타남을 확인하였다.

'아동의 환경평가'는 2009년 영남대학교 미술치료학과 주최 'A Developmental Approach Workshop'에서 미국 미술치료사 협회자격관리 위원장이었던 테리 타운(Terry Towne)이 처음 소개한 그림 진단이다. 테리는 아동을 대상으로 하는 환경평가를 하는 그림 진단으로 소개를 하며, 'Assessing the Child's Environment'라고 이 그림 진단을 명명하였다.

테리는 이 평가에서 왜 새와 물고기를 사용하였는지에 대하여 다음과 같이 설명을 하였다. "새나 물고기의 환경을 그리는 과정에서 동물인 그들이 잘 보호를 받는지, 위험에 처해있는지가 나타나므로, 이는 실제 아동 자신이 처한 입장을 반영하거나 그렇게 되었으면 하는 자신의 입장을 반영한다"고 하였다.

다음의 새와 물고기의 이미지는 테리가 사용하였던 도안이다.

| 그림 1-1 |

테리가 제시한 물고기와 새의 도안은 새와 물고기가 다양한 방향으로 바라보는 이미지로 활용되기 위해서 왼쪽과 오른쪽을 바라보는 도안 모두가 사용된다.

그러나 이 도안을 사용하여 아동과 청소년들에게 환경평가를 실시하는 과정에서 '물고기와 새의 눈이 무섭다'는 반응이 많았다. 새와 물고기가 주제가 되는 그림평가이니만큼 좀 더 아동들에게 친숙하게 느껴지는 도안의 필요성을 깨닫게 되었다. 그래서 기존의 도안의 이미지에서 많이 달라지지 않는 범위에서 새롭게 도안을 수정하였다. 이후 테리가 사용하였던 기존의 도안과 새로운 도안을 동시에 여러 학생들과 성인들의 집단에 제공했을 때, 그들의 대부분은 새롭게 제공한 도안을 선택하였다. 그 이유에 대하여 설문지를 통해서 통계분석해 본 결과, 더 친근감이 가며, 부드러운 이미지로 하여금 부정적인 이야기 외의 다양한 이야깃거리가 쉽게 떠오른다는 대답을 하였다. 수정된 도안은 다음과 같다.

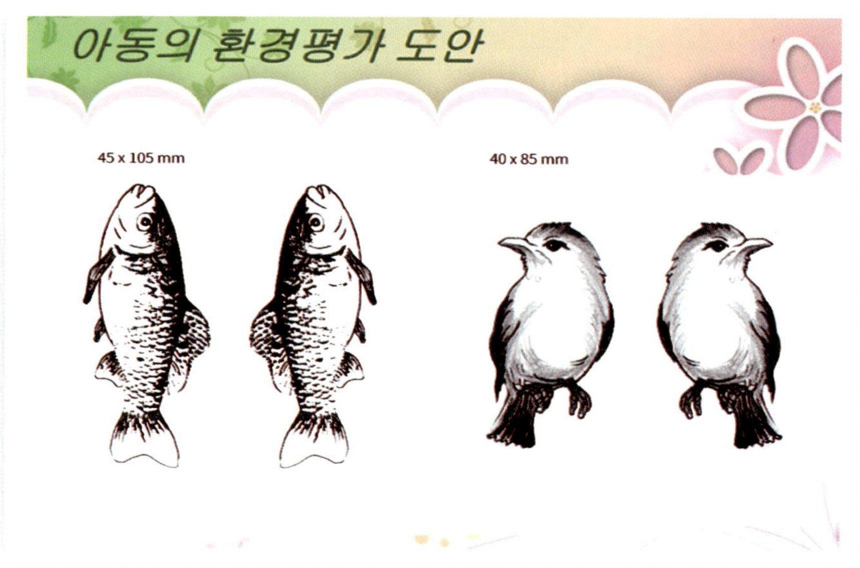

| 그림 1-2 |

수정된 새와 물고기의 도안은 실제감을 줄 수 있도록 입체감이 좀 더 있고, 살이 붙은 통통한 몸체과 도안 같지 않은 눈 그리고 한국에서 일반적으로 많이 볼 수 있는 이미지로 만들어졌다. 위의 그림도안을 실제로 사용한 후 새의 이미지가 무섭다는 이야기는 듣지 않게 되었다. 그리고 상담 현장이나 진단그림 실행 시 아동과 청소년들에게 사용되는 도안은 한 마리만을 사용하지 않고 심리적으로 의미가 있는 마리 수를 선정할 수 있도록 더 많은 수의 새와 물고기의 도안을 제시해 줄 필요가 있었다. 책의 뒷부분에 첨가한 자료처럼 새와 물고기의 이미지가 많은 도안은 진단 현장에서 사용하기 매우 편리하였다.

이렇듯 아동이나 청소년들이 이미 잘 그려진 새와 물고기의 도안을 사용하는 것은 그림을 그려야 하는 부담감을 줄여주며 배경과 부수적인 그림만을 그릴 수 있는 편한 마음으로 유도시킨다. 또한 자신이 선택한 도안의 마리 수를 가위로 오리는 행동은 그림을 그려야 하는 부담감에 바로 직면시키지 않게 하며 활동의 즐거움으로 먼저 들어가도록 한다. 실제로 많은 아동들과 청소년들이 선택하고 오리는 작업에 쉽게 열중하는 모습을 보여주었다.

다른 다양한 진단그림은 많은 연구자료가 이미 축적되어 있어 그 신뢰성과 타당성이 증명이 되고 있다. 하지만 이 환경평가는 이제 막 소개하는 시점에 있다. 먼저는 이 진단그림을 경험한 치료사로서 그동안의 자료를 모아 소개하고자 한다.

2 환경평가 그림 진단 실시방법

1) 지시어

- 테리의 지시어

1. 주어진 형상을 보고, 새나 물고기의 형상을 고르세요(둘 중 하나만).
2. 주어진 재료를 사용하여, 종이 위 어디든 좋아하는 자리에 그 형상(새 혹은 물고기)을 올려놓고, 그 형상 주위환경을 만들어 넣으세요.
3. 그럼, 앞으로 한 시간 동안 작품 만들기를 하겠습니다.

- 저자들의 지시어

1. 주어진 형상을 보고, 새나 물고기의 형상을 고르세요(잠시 후, 새나 물고기의 형상 모두를 사용해도 좋습니다.).
2. 도안에서 원하는 새나 물고기의 마리 수만큼 가위로 오리세요.

3. 주어진 재료를 사용하여, 종이 위 어디든 좋아하는 자리에 그 형상(새 혹은 물고기)을 올려놓고, 그 형상 주위환경을 만들어 넣고 색칠해 주세요. 그럼, 이제 시작하겠습니다.

4. 장면 안에 있는 동물 중 '나'라고 여겨지는 동물에 ★표하여 주세요.

5. 작품의 제목을 정해주세요.

6. 작품에 대하여 설명하거나 이야기를 만들어 주세요.

7. 이야기를 다 들은 후 질문하기

테리는 새와 물고기 중 한 종류를 선택하여 사용하도록 지시하였다. 하지만 상담 장면에서 수없이 실시해 본 결과 내담자들은 두 종류를 함께 사용하기를 즐겨하였다. 그러므로 항상 두 종류를 해도 되는지 물어왔다. 실제로 새와 물고기가 함께 등장된 이야기는 더 자연스럽거나 다양한 관계를 드러내기에 용이하였다. 물고기가 새를 먹이로 삼는다든지, 다른 종류 간의 질투와 싸움의 이야기가 나타나거나 두 세계 간의 관계에서 가치관과 세계관이 더 잘 표현되었다. 그러므로 현장에서 매번 두 종류를 같이 사용하도록 허락을 하였다. 테리의 지시어는 하늘과 물이라는 다른 공간에 사는 동물들이 한 공간에 나타나게 될 혼란을 막아주기 위한 의도였을 것으로 보인다. 그리고 대부분의 내담자들은 여러 마리의 새와 물고기들을 사용하여 다른 두 세계의 공간을 한 공간에 잘 드러내었을 뿐 아니라 역동적이거나 다양한 관계까지 나타내기를 선호하였다. 또한 많은 이들이 한 마리를 사용하여 외로움을 나타내기도 하고 자신의 삶과 연계된 의미 있는 숫자만큼의 동물 수를 즐겨 사용하였다.

아동의 환경평가 진단그림을 진행하면서 아동과 청소년들은 그림 속에 자신과 동일시되는 동물을 의식적이든 무의식적이든 그려 넣는다. 그러나 그러한 사실을 처음부터 지시하기보다는 좀 더 그림이 진행된 후 자신이라고 생각되는 동물을 찾아서 표시를 하도록 함이 방어가 적고 작업의 흐름에 방해되지 않는다.

지시어가 끝나도 다양한 질문을 받게 되는 경우가 많다. 채색을 할 때 아동들은 어느 정도까지 칠해야 할지 물어 오거나 다른 동물을 더 첨가해서 그려도 되는지를 알고 싶어한다. 이 모든 질문에는 자신이 하고 싶은 대로 하도록 말해준다.

작품이 완성이 된 후 제목을 정하는 것은 이야기에 대한 주제가 확실해지며 내담자의 강조점을 쉽게 파악하는 데 도움이 된다.

그리고 학급단위로 진단그림을 실시할 경우 작품의 뒷장에 제목과 함께 이야기를 글로 간단하게 적어 놓을 것을 지시하는 것은 꼭 필요한 절차이다.

2) 질문하기

아동들이 그림을 완성한 후 그림에 대하여 설명이나 이야기를 요구한다. 아동들이 자연스럽게 이야기를 시작하면 잘 들어주는 것이 필요하다. 하지만 때때로 그림에 대한 스토리를 자극하는 질문들을 사용해서 그림의 각 이미지가 저마다의 목소리를 내도록 도와줄 필요가 있다. 이야기를 시작하는 데 어려움이 있다면, 서두를 '옛날 옛적에', '아주 먼 옛날', '어느 날' 로 시작을 유도할 수도 있다.

- 그림 안에서 새나 물고기들에게 어떤 일들이 벌어지고 있나요?
- 새나 물고기들이 무슨 말을 하고 있나요? 그 목소리를 상상해 보세요.
- 이 그림 속에 내가 있다면 누구인가요? 각각의 이미지는 어떤 캐릭터인가요?
- 지금의 상황이 있기 전에 어떤 일들이 있었을까요?
- 지금의 상황 이후에는 어떤 일들이 벌어질 것 같나요?
- 그림 속 캐릭터들의 느낌은 어떤가요?
- 이 캐릭터들은 누군가를 생각나게 하나요?

- 그림 속 특별한 환경에 대해서 더 구체적으로 설명해 보세요.
  (계절, 날씨, 시간, 안과 밖 등)

- 그림 속 상황을 현실에서도 비슷한 경험을 한 적이 있나요?

3) 이야기를 해석하는 방법

모든 스토리는 메시지를 가지고 있다. 아동이 만들어 낸 스토리도 예외는 아니다. 하지만 메시지는 그 즉시 명확하지는 않다. 스토리의 메시지에는 사건이나 환경에 반응하는 자신의 방식, 세계관이나 가치관을 암시하거나 자신의 경험된 감정이 드러나고 욕구와 희망이 드러난다.

다음의 질문들은 아동의 그림을 통하여 함께 이야기를 나눌 때 염두에 두고 세밀하게 보아야 할 것들을 알려준다.

1. 이 이야기는 아동의 삶에 어떤 특별한 일부분 또는 여전히 고민되는 문제와 관련이 있는가? 만약 그렇다면 그것은 무엇인가?

2. 이 이야기에서 중요한 캐릭터의 욕구나 관심사는 무엇인가? 그 캐릭터는 아동의 삶에서 어떤 역할을 하는가? 무엇을 하는가?

3. 만약 이야기에 다른 캐릭터들이 등장한다면, 이들은 숨겨져 있거나 알려지지 않은 부분 혹은 인식되지 못한 것들인가? 만약 그렇다면, 어느 부분들인가?

4. 이야기의 결과는 어떠한가? 혹은 과거에 어떤 일이 있었는가? 현재 이후의 벌어질 일들은 어떠한가?

5. 이야기에서 경험되는 감정은 무엇인가?

6. 이 스토리의 상징적인 메시지는 무엇인가?

7. 개인적으로 이 메시지는 의미가 있는가? 만약 그렇다면, 그것은 무엇인가?

4) 준비물

8절지 도화지와 12색 색연필, 연필과 가위, 풀, '아동의 환경평가 도안(책 뒤편에 도안 제공)'

2장

환경평가 그림 진단의 해석

1 환경평가 진단그림 이해하기

다른 두 종류의 동물들이 등장하는 아동의 환경평가는 다양한 이야기가 만들어지며 그 속에서 많은 심리들이 드러난다. 우선 그림의 전체적인 느낌을 보아야 한다. 이로써 긍정적인가 부정적인가를 파악하고, 아동의 연령에 따른 발달상의 적합한 그림인지 등을 알아낼 수 있다. 그리고 그림에 대한 이야기를 통해서 전개와 결말을 듣게 됨으로써 과거에 어떤 일들이 벌어졌으며, 현재 상태는 어떠하며, 이후 욕구가 어떤 것이 있는지를 보게 된다. 세부적인 의미를 찾으면서 동물들 간의 얼굴방향과 간격, 첨가된 동물들의 의미, 날씨나 온도로 인한 외부적 환경, 내적 에너지의 상태, 자아상과 가치관, 카타르시스적 유희의 기회제공 등의 자료를 얻게 된다.

아동의 환경평가를 해석할 때 참고해야 할 사항은 다음과 같다.

1) 비슷한 그림이지만 내용은 다르다.

'아동의 환경평가'는 그림에 대한 설명과 이야기가 매우 중요하다. 새와 물고기의 그림들은 언뜻 보면 서로 비슷하게 보인다. 다음의 그림들은 새와 물고기의 일반적인 모습, 즉 새는 주로 나무 위에 있고 물고기는 그 아래 물속에 있는 평범해 보이는 그림이다. 그러한 그림 속의 새와 물고기는 서로 마주보고 있거나 시선이 다른 곳을 향해 있다. 그러나 비슷해 보이는 그림 안의 속사정과 그로 인한 심리는 모두 다르다.

예시된 그림에서 보면, 이야기를 잘하는 새가 물고기에게 이야기를 들려주며 서로 관심이 있다는 심리가 드러난 **그림 2-1**과 또 다른 **그림 2-2**는 새와 물고기의 다른 모습을 서로 부러워하고 있는 심리를 나타내고 있다. 비슷한 상황의 그림이라고 일반적으로 예측하기보다 그 안에 들어있는 세심한 심리를 찾아내야 한다. 나비의 등장으로 관계가 깨어져서 소외감을 느낀다는 **그림 2-3**과 자신을 시끄럽게 놀리는 물고기로 인해 화가 난 새의 **그림 2-4**, 도망치고 싶은 두려움이 가득한 물고기의 마음이 보이는 **그림 2-5**, 한 마리의 물고기를 서로 먹으려는 긴장이 보이는 **그림 2-6**을 보면 전혀 다른 이야기가 전개됨을 알 수 있다.

| **그림 2-1** |

중학교 1학년 여 그림 2-1

물고기가 새의 재미있는 이야기를 들으려고 물 밖으로 고개를 내밀어요.

| 그림 2-2 |

중학교 1학년 남 그림 2-2

물고기는 '왜 나는 하늘을 날 수 없을까?'라고 생각하고 '새는 왜 헤엄을 칠 수 없을까?' 생각한다. 자신의 장점을 생각하지 않고 남의 장점만 부러워한다.

| 그림 2–3 |

| 그림 2–4 |

중학교 1학년 여 그림 2-3

한 숲속에 새 한 마리, 물고기 한 마리가 살고 있었다. 새와 물고기는 한 공간에 살고 있지만 같이 놀지 않고 따로따로 제각기 놀며 서먹하게 지내다가 어느 날 새와 물고기가 친해져서 같이 놀게 되었다. 그런데 나비 한 마리가 찾아와서 같이 놀게 되고 셋이 친해졌다. 그러나 어느 날 나비와 새만 둘이서 놀고 물고기만 소외되어 버렸다.

초등학교 4학년 여 그림 2-4

넓은 들판에 나무 한 그루와 연못이 있는데 나무 위에는 새 노랑이, 연못에는 물고기 파랑이가 있어요. 노랑이는 아주 조용한 성격이에요. 반대로 파랑이는 아주 시끄러운 성격이에요. 밤이 되었어요. 노랑이는 조용히 달을 바라보며 휴식을 취하고 있어요. 그런데 파랑이는 노랑이를 따라하면서 노랑이를 놀렸어요. 그래서 노랑이가 화가 나는 상황이에요.

| 그림 2-5 |

| 그림 2-6 |

중학교 1학년 여 그림 2-5

새는 물고기를 잡아먹기 위해 나무 가지에서 기회를 노리고 있고 물고기는 도망칠 생각을 한다. 물고기는 새에게 자신에게 내버려두라고 하고 싶지만 말을 할 수 없어 숨기만 한다. 옆에 있는 물고기 친구에게 자신의 두려움을 말하고 싶어도 말할 수가 없다. 새는 그것도 모르고 계속 기회만 노리고 있다. 물고기의 마음을 누가 알까? –속마음–

중학교 2학년 여 그림 2-6

나와 다른 새가 물고기 하나를 먹으려고 눈치를 보고 있다.

2) 자신(별표)의 위치를 확인하기

또한 주인공인 자신의 위치를 알려주는 별표가 어느 동물에게 표시되어 있는지는 매우 중요하다. 별표의 위치에 따라 해석은 매우 달라지며, 그림 안에서 말하고자 하는 주체자의 심리가 달라진다.

그림 2-7과 **그림 2-8**을 보면 두 종류의 동물 간에 폭력적인 장면이 연출되고 있다. 자신이 어떤 동물로 나타나는지에 따라 가해자와 피해자 그리고 주변인이 된다. 이로 인해서 긍정적인 내용이 되기도 하고 부정적인 내용이 되기도 한다. **그림 2-7**에서 그림을 그린 본인은 폭력을 말리고 있는 새로 나타나고 있다. 이 아동의 주변에 이러한 상황들이 벌어졌고, 자신의 마음은 그런 일들을 원치 않는다고 말하고 있다. 그러므로 그림 속의 등장 동물 중 자신이 누구냐에 따라 매우 다른 이야기가 된다. **그림 2-8**에서도 역시 폭력적인 장면들이 그려져 있다. 제목인 '왕따 물고기'를 보아 물고기의 편에서 이야기가 전개되고 있으나 자신이라고 표현하는 물고기가 어떤 일을 하고 있는지에 집중해야 한다. 물고기를 공격하고 있는 새를 또 다른 물고기가 공격을 하고 있으며, 바로 이 물고기가 자신이라고 말한다. 전에는 자신도 왕따를 당하던 남자 아동이 이제는 왕따 상태를 벗어나 그러한 친구들을 도와주는 인기쟁이가 된 사실을 알려주고 있는 긍정적인 그림이다. 그러므로 이야기의 결말까지 잘 듣는 것 또한 중요하다. 실제로 이 아동은 4학년이 된 후 정이 많은 남자 담임 선생님과 학급의 안전한 분위기에서 좋은 교우관계의 변화가 있는 아동이었다.

| 그림 2-7 |

| 그림 2-8 |

초등학교 4학년 여 그림 2-7

어떤 새가 물고기를 죽이고 있어서 내가 하지 말라고 하고 있다.
(나무쪽에 있는 새에게 별표)

초등학교 4학년 남 그림 2-8

옛날 옛날에 어느 바닷가에 물고기와 갈매기가 살았어요. 갈매기가 물고기를 잡아먹으려 했는데 물고기 중에 왕따를 당하는 물고기가 갈매기를 때려서 갈매기가 날아갔어요. 그 이후로 왕따를 당하던 물고기는 인기쟁이가 되었어요.
(새를 공격하는 물고기의 꼬리부분에 별표)

3) 융통성 있게 해석하기

그림을 통해 심리상황을 나타내는 은유적인 방법은 많은 융통성이 요구된다. **그림 2-9**와 **그림 2-10**도 시뻘건 피가 흐르는 폭력적인 그림으로 보인다. 하지만 그 상황과 내용을 보면 그렇지 않다. 새가 친구들과 물고기를 나누어 먹고 있거나 엄마 새가 자녀들에게 먹이로 물고기를 잡아오는 내용이다. 물고기는 새의 음식으로 사용되고 있음을 그대로 받아들여야 한다. 친구들과 같이 사이좋게 나누어 먹는 이야기의 심리를 더 중요한 심리로 보아야하는 경우이다. '아동의 환경평가'에서 사용되는 새와 물고기가 사용되는 다양한 영역을 그림 심리 진단자는 풍부하게 잘 알고 있어야 한다. 새가 물고기를 잡는 일은 물고기를 음식으로 여기는 일을 넘어서 '목표를 이루는 일'의 상징적 의미로도 많이 사용되기 때문이다.

| 그림 2-9 |

| 그림 2-10 |

초등학교 4학년 남 그림 2-9

새 세 마리가 물고기를 잡아 사이좋게 나누어 먹고 있는 모습입니다.

초등학교 4학년 남 그림 2-10

아기 새 핑크와 파랑새가 엄마 새한테 배가 고프다고 해서 엄마 새가 바닷가에서 물고기를 잡아와 엄마 새가 부리로 물고기를 물고 배가 고픈 핑크 새와 파랑새에게 빠르게 날아오고 있다. 엄마 새가 물고기를 너무 세게 물어 물고기는 피를 흘리고 있다. 그리고 물고기가 피를 많이 흘릴수록 둥지와는 더 가까워지고 있다. 그래서 핑크 새와 파랑새는 기뻐했다.

4) 다른 그림 진단과의 연계성

(1) 새 둥지화(BND: Bird Nest Drawing) 진단그림과의 연계성

새와 물고기를 이용하는 '아동의 환경평가'는 다른 그림 진단의 영역을 포함하기도 한다. 특히 새를 이용하여 이야기를 풀어내는 과정에서 새 둥지가 그려지고 새 가족화가 나타나기도 한다. 새 둥지화(BND: Bird Nest Drawing)(이미애, 2004)는 카이저(Kaiser, 1996)의 연구에서 애착안정성의 유용한 임상적 진단도구로서 잠재적 가치가 있음이 검증된 그림검사이다. 새 둥지화는 아동에게 새 둥지화를 그리도록 지시어를 주고, 그 그려진 둥지의 담는 기능에 따라 해석을 한다. 둥지 안의 내용, 둥지를 지지하고 있는 나무나 가지의 상태, 둥지 안의 바닥의 유무, 둥지의 안전성, 둥지의 배치와 크기, 부모 새만 있는가, 아기 새만 있는가, 알만 있는가, 둥지가 비어 있는가 등의 요소들을 분석하여 애착지표를 찾는다.

| 그림 2-11 |

| 그림 2-12 |

초등학교 4학년 남 그림 2-11

잠깐 나갔다 온 어미 6색조가 돌아오니 아기 새가 태어나 있었다. 다른 아기 새들도 하나 둘 나오자 어미 새는 땅바닥에서 지렁이, 나뭇잎을 갉아 먹는 애벌레를 잡아다 주었다. 그런데 아이들이 더 달라고 보채자 어미는 당황하였다.

초등학교 5학년 여 그림 2-12

부모 새의 사랑:
봄날 엄마, 아빠 새에게 사랑받고 있는 알들과 숲에 사는 새 가족이다.

그림 2-11은 아빠 새는 보이지 않고 화려한 어미 새 혼자서 아기 새를 돌보는 이야기가 등장하고 있다. 그림을 그린 아동은 그러한 어미 새가 바쁘고 당황해하고 있다고 느끼고 있다. 성장해가고 있는 본인의 필요를 충족시키기 위해서 보살펴주시는 엄마가 힘들어한다고 느낀다.

그림 2-12은 땅에 놓인 새 둥지 안에서 알을 품고 있는 부부 새가 그려져 있다. 둥지가 어떠한 나뭇가지보다 더 안전하고 든든해 보이는 땅에 놓여있으며 봄날의 따뜻한 햇살 아래서 엄마와 아빠 새가 공동 육아적 사랑을 주고 있다. 안정적 애착이 느껴지는 둥지화이다.

| 그림 2-13 |

| 그림 2-14 |

초등학교 4학년 남 그림 2-13

무지개 어미 새는 알을 지키고 있다. 아빠 새는 쓰러진 나무에 앉아 보고 있다.

초등학교 4학년 남 그림 2-14

알을 깨고 나온 것은 물고기, 부부 새는 서로 싸우고 있어요

그림 2-13을 그린 이 아동은 심리치료를 받고 있는 4학년이지만 글을 읽거나 쓰지 못해서 학업성취가 낮다. 아동의 가정은 이혼한 가정으로 지금은 엄마와 살고 있다. 그림에서 보이듯이 아직 알은 엄마 새가 품고 있다. 이 아동을 맡고 있는 심리치료사는 아동이 스스로 글을 읽을 능력을 개발하지 않고 있으며, 그 이유로는 엄마의 각별한 사랑을 받고자 스스로 성장을 거부하고 있다는 의견을 제시한 상태이다. 그림에서도 엄마 새가 아직 깨지 않은 알을 '지키고 있다'라고 표현함으로 '양육'이라기보다는 어떠한 '위험으로부터 보호'하고 있다는 느낌을 주고 있다. 그리고 자신을 아직 깨어나지 않은 남아있는 '알'로 나타내고 있다. 무지개 빛깔의 화려한 엄마 새와는 다르게 다 쓰러져서 구멍이 크게 난 나무 위에 앉아 있는 아빠 새의 모습은 아동이 보기에 능력이 없거나 힘들어 보이는 아빠에 대한 자신의 생각을 이미지로 잘 나타내고 있다. 엄마 새가 앉아 있는 새둥지도 작고 둥지를 받치고 있는 나뭇가지조차 없다. 이는 매우 불안정한 애착을 보여주는 단서이다. 새 둥지화 애착지표에서 둥지가 나뭇가지에 의해 지지받고 있는지는 중요한 채점기준이 된다(이미애, 2004: 555).

그림 2-14는 또 다른 새 둥지화의 의미를 담고 있다. 부모는 새이고 자녀는

물고기로 종류가 다른 동물로 나타낸 이 그림은 부모 새가 자신과는 모습이 다른 물고기 자녀가 탐탁치 않아서 싸우고 있는 내용을 담고 있다. 아동은 자신을 두고 싸우고 있는 부모의 모습을 통해 자신의 정체성을 부정하거나 자기존중감이 낮아지고 있는 마음을 나타내었다.

(2) 나무그림검사(DBT: Der Baum test)와의 연계성

나무그림검사(Der Baum test)는 인간의 내면세계를 나무그림에 투사시킴으로써 그들의 성격 특성을 진단하는 검사이다(Koch, 1952). 나무그림은 그 나무그림을 그린 사람의 자기상이라 할 수 있으며, 자신의 마음상태에 대해 어떻게 느끼고 있는가를 무의식적으로 나타낸다. 나무그림검사에서 나무의 줄기와 가지, 수관, 뿌리, 지면의 선 등에 따른 상징의 의미를 찾게 된다. 또한 나무의 생명력과 위치와 기울기, 해와 달, 바람 등 자연과의 관계를 통하여 임상적 의미가 부여된다. 새와 물고기를 이용한 그림에서 자연스럽게 자연이 그 배경으로 사용되므로 나무그림이 자주 등장하게 된다. 그림을 이용한 진단기법을 알고 있는 상담가나 미술치료사는 '아동의 환경평가'에 나타나는 이러한 진단적 요소를 풍성하게 들여다 볼 기회를 얻게 된다.

| 그림 2-15 |

| 그림 2-16 |

중학교 1학년 남 그림 2-15

새가 멍하니 태양을 보고 있다.

중학교 1학년 남 그림 2-16

물고기는 친구가 없다. 새가 다 잡아 먹었기 때문이다.

그림 2-15에서 새가 앉아 있는 나무의 가지는 매우 위험한 상태이다. 나무의 줄기에서부터 이미 금이 가고 있는 나뭇가지는 곧 부러질 것처럼 보인다. 그와 같이 자신이 앉아 있는 나뭇가지의 부실함은 불안하고 안전하지 않은 외부 환경과 그렇게 느끼고 있는 자신의 심리를 나타내 보인다. 나무그림검사에서 부러진 나뭇가지는 '의지의 꺾임'을 나타내기도 하고, 새 둥지화의 채점지표에서 알 수 있듯이 둥지나 자신을 제대로 받쳐주지 못하는 불안한 심리나 환경을 나타낸다. 새의 마음을 알리는 설명에서도 새는 그저 아무 대처할 생각도 없이 멍하니 무력하게 앉아 있는 심리를 드러내고 있다.

그림 2-16의 전체적인 느낌은 새로부터 피해를 입고 친구가 없는 물고기에 대한 이야기이다. 그러나 가해자인 새가 자신이라고 별표를 한 것은 부족한 자신의 심리를 들키고 싶지 않은 것으로 보인다. 왜냐하면 이야기 문장의 주어는 물고기이며, 물고기를 잡아먹어 버린 새가 앉아 있는 나무에서 또 다른 유의미한 단서를 볼 수 있기 때문이다. 나무의 줄기에는 검게 구멍이 패인 옹이들이 그려져 있다. 나무는 그리는 사람의 성장과정과 자아상을 나타내는 것으로 자라면서 경험된 상처라고 나무그림검사 채점지표에서 의미하고 있다.

(3) 빗속의 사람(PITR: Person In The Rain) 및 좋아하는 날씨(FKW: Favorite Kind of Weather) 등과의 연계성

'아동의 환경평가'는 새와 물고기가 있고 그 배경을 그리면서 하늘과 땅, 물과 같은 자연을 그리게 된다. 이에 계절이나 날씨를 함께 나타날 때가 많다. 일반적으로 날씨는 사람의 감정에 상당한 영향을 미치므로 그림에 나타난 날씨 역시 사람의 심리를 대변하게 된다.

빗속의 사람(PITR) 그림검사는 아놀드 아브람스와 아브라함 앰친(Anold Abrams & Abraham Amchin)에 의해 개발된 것으로 인물화를 변형시켜 만들었으며 '빗속에 서 있는 사람을 그리도록 하는 것'이다. 비라는 상황은 스트레스와 초조함 등을 나타내는 것으로 보고 있다(Hammer, 1958). 또한, 힘든 상황에서 내담자가 어떻게 반응하는지, 어떤 방어기제를 사용하는지, 스트레스에 대한 대처능력을 진단한다(최외선 외, 2006).

좋아하는 날씨(FKW) 진단그림은 자연의 거칠고 공격적인 날씨 표현으로 학대피해아동을 변별하고 치료하기 위하여 예술심리학자인 트루디 매닝(Trudy Manning, 1987)에 의해 1987년 미국에서 고안된 FKD(Favorite Kind of Day) 진단그림을 바탕으로 그 평가기준을 개발한 것이다(김진숙, 2011). 아동들의 그림 속에 표현된 비, 눈, 해일, 강풍과 같은 혹독한 날씨가 학대피해아동의 폭력적인 가정환경과 상황을 잘 반영한다는 것이다.

위의 두 진단그림 모두 척박한 날씨의 표현은 곧 외부적 곤경에 처해 있거나 스트레스 환경에 놓여 있다고 증명하고 있다.

| 그림 2-17 |

| 그림 2-18 |

중학교 1학년 여 그림 2-17

비오는 날 생긴 일: 시골에서 비오고 천둥치는 날 초가집으로 뛰어가는 그림이다. 그리고 새는 나무 위에서 반대쪽으로 쳐다보고 있다.

초등학교 4학년 남 그림 2-18

이 이야기는 새들이 물고기들에게 나쁜 말을 합니다. 그래서 산 할아버지가 안아 주었습니다.

| 그림 2-19 |

| 그림 2–20 |

중학교 2학년 남 그림 2–19

비 오는데 비를 피하지 않고 좇나 맞는 새. 그리고 비를 피해 도망가는 생선

초등학교 4학년 남 그림 2–20

태풍이 일어나고 있는 모습. 그 다음 토네이도로 바뀐다. 또 허리케인으로 바뀐다.

그림 2-17은 먹구름이 끼고 천둥이 집을 향하여 치고 있으며 새는 집 반대쪽으로 시선을 외면하고 있다. 집과 함께 그려진 이러한 혹독한 날씨가 가정에서 일어나고 있는 일과 그 심리상황이 결코 평탄치 않음을 암시하고 있다. 그림 2-18은 새들이 물고기들을 공격하고 있다고 한다. 이 그림의 환경은 하늘에서는 여러 번의 천둥이 치고 화산은 불을 뿜으며 폭발하고 있다. 그림 속 자신의 심리는 폭력을 당했던 것에 대한 화난 마음을 화산이 폭발하는 모습으로 그려내고 있다. 그리고 큰 소리가 나며 무섭고 두려운 일들이 있었지만 다른 권위자가 이를 보호해주기를 바라거나 그런 경험이 있었음을 알리고 있다.

그림 2-19의 새가 받고 있는 스트레스는 매우 크다. 검은 구름과 비의 양은 느끼고 있는 스트레스와 비례한다. 많은 시커먼 구름을 통해서 쏟아지고 있는 비를 자신으로 표현되고 있는 새가 무방비로 고스란히 맞고 있다. 이는 스트레스에 적절하게 대응을 하지 못하고 있는 무능력한 자신을 나타내고 있다. 반면 다른 동물인 물고기는 재빨리 이러한 상황을 피해가고 있다고 생각한다. 그림 2-20에 나타난 태풍은 점점 더 난폭해져 가고 있다. 새와 물고기가 있는 곳은 점점 불안하고 위험한 조짐이 커져가고 있음을 보여주고 있다. 위험한 일이 크게 일어날 것 같은 심리라 하겠다.

(4) 어항 속 물고기 가족화 진단그림과의 연계성

물고기 가족화(Kinetic Fishes Family Drawing: KFFD)검사는 가족 간의 관계와 역동성을 진단하기 위한 그림 진단 기법이다. 그림 그리기에 대한 부담과 불안 혹은 표현이 미숙한 대상자들도 거부감이 크지 않아 상담 장면에서 자주 사용되는 그림검사이다.

물고기 가족화의 해석지표는 물의 양, 그리는 순서, 물고기의 위치 및 물고기 간의 거리, 물고기의 크기, 물고기의 표현, 여러 가지 장식표현과 그림검사의 일반적 특성을 종합해서 분석하게 된다(유미 · 정선화, 2011).

물고기 도안이 활용되는 환경평가 그림 진단 시 종종 어항 안의 물고기의 그림이 그려진다. 나아가 자기가 속한 집단을 나타내는 물고기들로 그려지거나 어항 밖의 상황까지 그려진다. 주로 어항에 갇힌 자신의 심리를 나타낼 때 자주 나타나기도 하지만 기본적으로 물고기 가족화 해석지표가 유용하게 적용된다.

| 그림 2-21 |

중학교 1학년 남 그림 2-21

가족 물고기

| 그림 2-22 |

중학교 1학년 여 그림 2-22

어항 안에 형제 물고기들이 있다. 밖에는 새 두 마리가 앉아서 지켜보고 있다.

그림 2-21에서 자신을 나타내는 별표로 표시되어 있는 물고기는 다른 가족 물고기와 달리 비스듬히 수면위로 향하여 있다. 물 밖으로 향하는 물고기는 산소가 많은 수면위로 떠오르며 답답함을 해소하고 싶었는지 다른 공간으로 나가는 일탈을 바라는 듯하다.

그림 2-22는 어항 속에 형제 물고기를 주시하고 있는 또 다른 존재, 두 마리의 새를 의식하고 있다. 때로는 부모의 주시나 다른 권위자로부터 오는 감시의 느낌을 드러내고 있다.

2 환경평가 진단그림에서 나타나는 주제

1) 가족의 이야기

아동들이 자라고 처해 있는 가정환경은 매우 다양하다. 개인 상담장면이 아닌 학교에서, 즉 학급이라는 집단 내에서 아동들의 가정 상황을 선생님이 자세하게 알기는 힘들다. 그러나 아동들이 스스로 가정에 대한 문제를 인지하고 있으므로 아동의 환경평가 진단그림을 통해 그것을 드러낼 기회를 얻게 된다. 이야기가 전개되는 형식인 '아동의 환경평가'는 본인의 가정에서 어떤 일들이 벌어지고 있는지를 좀 더 구체적으로 드러내어 준다. 화목한 가정, 가족 내 배제된 자신의 어려움, 부모로부터의 방치 등 가족집단 내의 역동이 잘 드러난다.

그림 2-23은 어머니의 적절한 개입으로 가족 갈등이 해결되었다는 긍정적인 이야기라면, **그림 2-24**는 가족들과 어울리지 못하고 있어 스트레스가 많다고 알리고 있다. **그림 2-25**는 형의 학업에 부모들이 집중하고 있어서 자신도 힘이 들며 마음껏 가족들과 놀러가고 싶다고 항변한다. **그림 2-26**에서는 알에서 깨어난 자식에게 무관심한 엄마 새를 보게 된다. 심지어 **그림 2-27**에서는 집을 부수고 집 밖에 나와서 어두운 밤을 보내는 새의 모습에서 깨어진 가정, 벗어나고 싶은 가정의 모습을 보게 된다.

특별히 설명이 필요했던 **그림 2-28**을 그린 아동은 부모가 항상 싸운다고 하였다. 아동은 아버지가 엄마를 오해해서 항상 엄마에게 화를 낸다며 그런 아버지를 무서워한다고 말하였다. 아버지 쪽은 뼈다귀가 그려진 지옥, 어머니 쪽은 날개와 방패가 그려진 천국으로 표현했다. 그 대립된 세계에서 자신은 어머니 편이지만 중재하고 싶은 자신의 심리를 드러내고 있다. 중재자인 쥐를 보냈으나 실패하였다고 말하고 있다. 학급단위의 상담 중이기에 조심스럽게 엄마가 '자궁암'이라며 비밀이라고 저자에게만 귓속말로 알려준 이 아동은 죽음과 상실에 대한 두려움을 '죽음의 사신'으로 표현하고 있다. 아동은 학교생활을 하면서 지나치게 밝게 과잉행동을 하고 있었으며, 자신의 어려움과 슬픔이 학급친구에게는 알려지기를 원하지 않았는데, 환경평가 그림 진단을 통해서 그러한 그의 내면이 잘 나타나고 있었다.

| 그림 2-23 |

| 그림 2–24 |

초등학교 4학년 여 그림 2–23

사이좋은 우리 가족: 어느 날 엄마 아빠가 대왕 물고기를 잡아왔다. 그래서 동생, 엄마, 아빠(빨간 새는 엄마, 파란 새는 아빠, 노란 새는 동생, 초록 새는 나)와 함께 서로 자기가 먹을 거라고 싸웠는데 엄마가 좋은 아이디어를 냈다. 사이좋게 나눠 먹자고 말했다. 그래서 쭉 사이좋게 지냈다.

초등학교 4학년 여 그림 2–24

다른 새들 중 다른 한 새: 엄마, 아빠 그리고 남매 새가 있는데 막내 새는 나예요. 나는 가족과 어울리지 못해서 내 방에 가서 울고 스트레스가 쌓입니다.
(왼쪽 아래에 흑흑 울고 있는 새에게 별표)

| 그림 2-25 |

| 그림 2-26 |

초등학교 4학년 남 그림 2-25

새 가족의 해변가 여행: 우리 가족은 형아가 학원을 많이 다녀서 여행을 많이 못 다니고 그래서 나도 맨날 공부를 하게 돼서 스트레스가 쌓여서 꼭 여행을 가고 싶다. 그래서 스트레스 때문에 예쁜 새였는데 많이 아파서 못생긴 물고기가 되어 버렸다.

(아래 물고기에게 별표)

초등학교 4학년 남 그림 2-26

알에서 새가 태어났으나 어미 새는 그것도 모르고 사람들을 보고 있는 그림이다

| 그림 2-27 |

| 그림 2-28 |

초등학교 4학년 남 그림 2-27

새가 집을 부수고 밤이 되어 가로등에서 잠을 자고 있다.

초등학교 3학년 남 그림 2-28

아빠와 엄마: 지옥과 천국의 전투가 끝이 나기 위해 천국에 있는 쥐가 사신에게 부탁을 하려는데 죽음의 그림자 가까이 갔더니 쥐가 죽어버리고 결국 천국 피닉스의 오해로 전쟁이 일어난다.

2) 형제의 이야기

아동들의 그림에서 형제들의 갈등에 대한 주제는 자주 등장하며, 그 정도도 매우 심각한 경우가 많다.

그림 2-29는 막내인 본인이 요정의 힘을 빌려 다른 형제보다 예뻐지고 결국에는 나이가 많은 그들이 자신의 부하가 된다는 표현력과 상상력이 풍부한 여학생의 이야기이다. 이 아동은 그림이라는 매체를 통해 불가능한 일들이 이루어지는 스토리를 창작하여 스스로 스트레스를 풀 기회도 얻는다. **그림 2-30**은 자신보다 다른 형제에게만 애정을 주는 엄마로 인해 자신은 어려움을 겪고 있음을 드러낸다. 보호받지 못하고 스스로 물고기를 잡아야 하는 자신의 고충과 힘든 마음을 전하고 있다. **그림 2-31**과 **그림 2-32**는 도화지 화면의 양 끝에 대립적으로 나무를 그려놓고 새들이 서로 대치되어 있는 심리를 드러내고 있다. 이러한 그림양식은 형제 간의 대립과 갈등이라는 주제로 심리그림 진단에서 종종 나타난다.

| 그림 2-29 |

| 그림 2-30 |

초등학교 4학년 여 그림 2-29

제일 예쁜 새(몰랑이 요정의 도움편): '푸른 새들은 맨날 싸웠어요. 그래서 내기를 하게 되었어요. 막내가 아이디어를 냈어요. 요정을 잡아오기로 했어요. 막내는 아이디어를 냈지만 요정을 잡을 생각이 없었어요. 그래서 요정에게 부탁을 해서 예뻐졌어요. 형, 누나들은 작전을 짜서 요정에게 부탁을 하지만 결국 동생의 부하가 되어버렸어요.'

초등학교 4학년 남 그림 2-30

엄마가 나무 위에 있는 새에게 먹이를 주고 다른 새는 혼자서 강에서 물고기를 잡아먹는다. 그런데 강에 있는 물고기가 새에게 뛰어나와 공격을 했다.

| 그림 2-31 |

| 그림 2-32 |

초등학교 4학년 여 그림 2-31

흔한 자매 싸움을 놀리는 잉어: '나와 동생이 싸울 때 막내 동생이 놀리는 상황을 나타낸다.'

초등학교 3학년 여 그림 2-32

이 나무의 열매는 내 것이니 넘어오지 말라고 오빠 새에게 말하고 있다.

3) 이성 친구 사귀기

학교라는 한경 속에서 아동들은 또래집단 내의 동성 간의 친구관계 뿐만 아니라 이성 간의 관계도 매우 발달하는 시기에 놓여있다. 더구나 요즈음은 공개적 사귐이 일반화된 분위기를 타고 있어 이성 친구는 아동들에게 관심이 많은 주제이다. 교제의 시작과 노력과 그 과정들을 그대로 설명을 하거나 커플이 형성된 아동이나 청소년들은 그 즐거움을 진단그림에 잘 나타낸다.

| 그림 2-33 |

| 그림 2-34 |

초등학교 4학년 남 그림 2-33

남자 물고기가 여자 새에게 먹이를 주면서 사귀자고 말하고 있다.

중학교 1학년 남 그림 2-34

새 두 마리의 사랑이야기 : 새 두 마리가 처음 만나 사랑에 빠지게 되어 날이 가면 갈수록 사랑이 더 커져 숲 전체를 차지할 만큼 사랑이 커짐. 둘이 뽀뽀하면서 끝남.

| 그림 2-35 |

| 그림 2-36 |

초등학교 4학년 여 그림 2-35

남자 새와 여자 새가 사랑한다.

중학교 2학년 남 그림 2-36

일상: 수컷 새와 암컷 새가 싸웠다. 둘 다 서로 화나 있지만 수컷 새가 암컷 새에게 화를 풀어 주려고 물고기를 잡아주려 한다. 수컷 새는 나이고 암컷 새는 여자 친구이다.

4) 솔로의 외로움

이성친구가 없는 경우 아동과 청소년들은 매우 부러워하거나 속상해한다. 그러한 자신의 마음을 평소에는 잘 드러내지 않지만 진단그림에는 상당히 많은 경우 그대로 표현이 된다.

| 그림 2-37 |

중학교 2학년 남자 그림 2-37

슬픈 솔로 물고기 : 솔로인 물고기가 슬프다.

| 그림 2-38 |

중학교 1학년 여자 그림 2-38

못생긴 여자 새는 혼자다.

5) 헤어짐

이성 친구와의 관계는 종종 헤어짐과 이별의 사건으로 깨어지기도 한다. 온통 핑크빛으로 물들어 있던 세상에 이성 친구 중 한 쪽이 떠남으로써 검은 슬픔이 몰려오게 된다.

| 그림 2-39 |

| 그림 2-40 |

초등학교 4학년 여 그림 2-39

왼쪽 물고기가 슬퍼하고 있다. 오른쪽 물고기가 떠나간다.

초등학교 4학년 여 그림 2-40

또잉과 포니는 어릴 적부터 친했다. 그런데 어느 날 또잉이 절교하자고 했다. 왜냐면 포니가 옛날부터 마음에 안 들어서 꾹꾹 참았는데 이제야 폭발한 것이다. 포니가 사과를 했지만 또잉이는 한이 풀리지 않았고 도리어 마음이 너무 시원했다.

6) 남겨짐, 혼자됨

아동이나 청소년들은 친구관계로 인한 외로움과 슬픔과 낙담들의 주제들을 많이 나타낸다. **그림 2-41**과 **그림 2-44**는 중학교 여학생이 1학년이 되면서 초등학교 때 함께 했던 친구들과 헤어지고 현재 중학교 학급에서 아직 친구들을 만들지 못한 채 힘겨운 시간들을 보내고 있는 마음을 그렸다. 남겨진 심리들은 주로 혼자된 동물로 나타나며, 주변 환경으로 나무는 주로 앙상하게 말랐거나 차가운 날씨, 노을 진 하늘, 우울한 호수, 다들 날아가 버리는 새들이 그림 속에 등장한다.

그림 2-42를 그린 아동은 전학을 온 학생이다. 이전의 학교에서 교우관계에 문제가 있었다고 한다. 아직 이 그림을 그릴 즈음에도 친구들이 없었다. 혼자 남겨졌다는 이야기로 자신의 상황을 말하고 있다. 하지만 전체 화면을 색칠하였으며 매우 빠르게 작업을 진행하였다. 같은 주제의 그림인 **그림 2-41**과 비교를 해보면 **그림 2-43**과 함께 에너지가 많으며 일처리 능력이 빠르고 내적 자원이 훨씬 많다는 것을 알 수 있다.

| 그림 2-41 |

| 그림 2-42 |

중학교 1학년 여 그림 2-41

겨울에 무리를 따라가지 못해 혼자 있는 참새가 가지가 별로 없는 나무에 앉아서 차가운 겨울을 버티고 있다.

초등학교 5학년 여 그림 2-42

다른 새들은 다 벚꽃나무에 갔는데 이 새 혼자만 그냥 나무에 외롭게 있다.

| 그림 2-43 |

| 그림 2-44 |

초등학교 4학년 여 그림 2-43

혼자 있는 새

중학교 1학년 여 그림 2-44

다른 새들은 때를 알고 떠났지만 혼자 남게 된 새는 슬프다

7) 그리움

아동과 청소년들은 자라면서 다양한 감정을 경험하고 그 정서가 섬세하게 분화되어 간다. 누군가를 그리워하는 마음을 그들은 어떻게 표현하는가? 어떠한 배경도 그려지지 않은 텅 빈 공간에 아무 말 없이 멀리를 바라보고 있는 두 마리의 새들로 나타내기도 하고, 서로를 그리워서 바라보지만 그 둘 사이

를 분리시키고 있는 공간이 있으며, 그러한 해결되지 않은 에너지가 나무수관에 과하게 분출되어 모여 있다.

| 그림 2-45 |

| 그림 2-46 |

초등학교 4학년 여 그림 2-45

새들이 무언가 그리워서 저 멀리를 바라본다.

중학교 1학년 여 그림 2-46

서로를 바라보면서 그리워하는 모습

8) 현재 처한 상황

'아동의 환경평가'그림에는 현재의 외부적이거나 심리적 환경이 잘 나타난다. **그림 2-47**을 그린 아동의 가정은 이혼한 가정이다. 아동과 함께 사는 아버지는 화를 자주 내고 때로는 폭력도 사용한다고 한다. 아동의 그림에서 새와 물고기가 서로 공생하며 돕고 있지만, 새는 자유롭지 못하고 자신의 뜻대로 살지 못하고 있다는 상황이 잘 나타나고 있다. 아버지로 의미화된 물고기의 마음을 헤아리고 있는 아동의 마음이 보인다. 아마도 해로 상징되는 엄마를 보고 싶고 엄마를 만나고 싶은 아동의 마음을 아버지는 용납하지 않고 있는 듯하다.

그림 2-48은 중학생이 된 여학생이 적은 용돈에 신경을 쓰고 있거나 가정의 경제적 상황이 어렵다는 것을 마음에 두며 애쓰고 있음을 보여주고 있다.

| 그림 2-47 |

| 그림 2-48 |

초등학교 5학년 여 그림 2-47

바다 속 물고기 등에 업혀 사는 새: 새는 바다 속에 물고기 등에 업혀서 바다 속을 구경하고 그랬어요. 하지만 새는 바깥 세상의 햇님을 보고 싶었답니다. 그래서 어느 날 새는 물고기에게 바깥 세상의 햇님을 보고 싶다고 물고기에게 말했어요. 하지만 물고기는 그 말을 듣자 화를 내서 새는 물고기가 왜 화를 내는지 알고 있기 때문에 더 이상 그 얘기를 꺼내지 않았습니다.

중학교 1학년 여 그림 2-48

자린고비: 가난한 부부가 굴비 하나 사고 밥 한 번, 굴비를 눈으로 한 번 보면서 밥을 먹고 있다.

9) 집단 내의 역동

많은 시간들을 학교생활로 지내는 아동들은 학급의 집단 내의 역동들을 그림에 자주 표현한다.

다음의 그림들은 학급 내 여학생들의 집단과 남학생들의 집단이 서로 견제와 갈등으로 경쟁하는 반의 아동들의 그림이다. 이 학급에서는 성별로 나누어진 두 집단들을 담임 선생님이 좋은 관계로 만들기 위해서 자리배치를 바꾸어 앉게 하였다. **그림 2-49**에서 새로 표현된 여학생들과 물고기로 표현된 남학생들 간의 긴장과 견제적 상황들이 잘 나타나고 있다.

그림 2-50도 같은 반 여학생의 그림으로 물고기와 새가 서로를 적으로 알고 대립되어 있다는 표현을 하였다. 하지만 자신은 그들 속에 속해 있지 않고 관망하거나 떨어져 있는 모습으로 거리를 두고 있다고 한다.

다른 그림에서도 집단의 분위기가 잘 나타나고 있다. **그림 2-51**에서 두 명의 여학생이 한 남학생과 긴장된 관계로 인해 서로 즐거운 분위기가 사라지고 있음을 나타내고 있다. **그림 2-52**는 집단 내에서 다양하게 반응하고 있는 아동들의 모습들이 담겨있다. 힘센 새가 물고기를 괴롭히자 도망가는 물고기와 숨는 물고기가 있는가 하면, 도와주고 있는 물고기도 있다. 저 너머에 힘센 사자가 물고기 편이란다. 자신을 나타내는 별표모양으로 보아 사자가 자신이라고 표현하고 있지만 아동들은 때로는 연약한 자신의 모습을 드러내고 싶어 하지 않아서 반대로 힘센 동물이 자신이라고 하기도 하는데, 어쩌면 힘센 사자는 학급 담임 선생님으로, 종종 중재자로 또는 벌을 주는 자로 나타난 것이 아닌가 생각하게 되는 그림이다.

| **그림 2-49** |

| 그림 2-50 |

초등학교 4학년 남 그림 2-49

이 모습은 새들이 물고기를 무서워한다. 그런데 새들은 바다 한가운데 갇히게 되었다. 무서워하는 물고기랑 지내게 되었다.

초등학교 4학년 여 그림 2-50

물고기는 그냥 바다 속에 있었는데 새가 바다 속에서 숨을 쉴 수 있는 약을 먹고 들어왔는데 새가 물고기를 적으로 인식해서 싸우려고 한다. 위의 물고기는 나다.

| 그림 2-51 |

| 그림 2-52 |

초등학교 4학년 여 그림 2-51

지금 바다 속에 물고기나라가 있는데 아주 웃음이 많다. 그러나 비밀 하나! 물고기나라는 웃음으로 색을 만든다는 것이다. 그런데 암컷 물고기 둘이서 수컷 물고기(날치)를 노리고 싸운다. 이 때문에 점점 웃음이 사라지면서 색도 점점 사라지고 있다. 끝내 나중에는 색이 다 사라질 것이다.

초등학교 5학년 남 그림 2-52

새 두 마리가 강가에서 물고기를 잡아먹는데 물고기 한 마리가 먹히려고 하는 물고기를 도와주고 한 마리는 해초 뒤에 숨고 한 마리는 도망가고 있는 그림이 보일 것이다. 그리고 맨 뒤에 있는 사자는 무엇일까? 바로 물고기의 친구인데 새가 물고기 친구를 잡아먹으려니까 새를 잡아먹으려고 하고 있다. 그리고 사자는 참고로 날개가 있어서 새가 날아가면 같이 날아가서 잡아먹을 수 있다.

10) 통제된 집단 내 심리

아동들이 성인으로 발달되어가는 여정에는 외부적 환경에 적응하기와 자기통제를 이루는 과정을 반드시 통과해야 한다. 이 과정은 그들에게는 많은 스트레스를 주게 되는데, 학교라는 집단 내에서 개인이라기보다 전체 속에 한 일원으로 자신을 인식하면서 억압과 부당함을 경험하게 된다. 또한 다양한 성향의 친구들과 원만한 관계형성을 위해서는 자신의 행동에 대한 부정적 피드백을 받아본 후에야 타인의 관점을 받아들이게 된다. 그러므로 아동과 청소년기에 있는 그들은 집단 내의 억압이라는 주제를 자주 등장시킨다.

그림 2-53과 **그림 2-54**는 초등학교를 막 벗어나서 중학생이 된 여학생들이 통제된 집단 내의 어려운 심리를 드러내고 있다. 차가운 얼음과 함께 갇혀

있는 물고기와 굴비처럼 엮인 물고기들은 통제된 상황에서 힘들고 답답하다. 많은 학급을 상대로 진단그림을 그려본 결과, 매우 엄격하고 무서운 담임 선생님을 둔 학급일수록 아동들은 종종 그 차가운 느낌을 추운 날씨나 눈사람으로 그림에 등장시킨다. 얼음이라는 차가운 느낌으로 무섭고 긴장되며 활발하지 못한 학교생활이나 집단의 분위기를 표현하고 있다. **그림 2-54**를 그린 여학생은 학급에서 적응을 잘 하지 못하고 친구관계가 원만하지 못해 긴장된 생활을 하고 있어서 학교 상담실에서 상담을 받는 학생이다.

| 그림 2-53 |

중학교 1학년 여 그림 2-53

어부에게 잡혀서 어두운 아이스박스 안에 얼음과 함께 물고기가 누워있다.

| 그림 2-54 |

중학교 1학년 여 그림 2-54

설날 때 말리기 위해 묶여진 물고기가 새를 바라보는 모습

11) 어렵고 긴장되는 상황

청소년들은 자신을 보호해 주고 방어해줄 친구나 가까운 사람들이 없을 때 많이 힘들어한다. 다음의 그림들의 스토리는 주인공 자체가 약자로서 곧 공격을 받을 것 같은 어렵고 긴장되는 상황들 속에 있음을 알려주고 있다. 자신이 느껴지는 감정으로, 버려지고, 곧 잡아먹힐 것 같으며, 돌로 맞을 것 같은 위험 속에 있으며 깊은 심연 속에서 홀로 방황하고 있음을 알리고 있다.

| 그림 2-55 |

| 그림 2-56 |

중학교 1학년 여 그림 2-55

대야: 물고기가 대야에 담겨져서 길거리에 버려졌다. 지나가던 새가 물고기를 보고 잡아먹으려 하지만 아직은 배불러서 다른 새들이 먹지 않도록 옆에서 지키며 배를 꺼뜨리고 있다. 나는 물고기 같다.

중학교 1학년 남 그림 2-56

두려움: 참새 두 마리가 물고기를 먹으려고 하지만 나무 위에 있는 참새는 물을 무서워하고 아래에 있는 참새는 물고기의 살을 발라먹기가 귀찮아서 애벌레(나뭇잎 위에 있는)를 먹으려고 하고 있다. 나는 물고기이다.

| 그림 2-57 |

| 그림 2-58 |

초등학교 4학년 남 그림 2-57

동물들만 있는 넓은 들판에서 연못에 물고기가 있는데 그 때 어떤 남자아이가 물고기를 잡으려고 돌을 막 던지고 있는데 나무에 있던 새가 물고기를 잡아먹으려고 째려보고 있는 상황이다.

중학교 1학년 여 그림 2-58

어느 바다에 물고기가 어두운 심해에 있어요. 이제 아무것도 하고 싶지 않아...라며 이대로가 행복하다고 자신을 세뇌하고 있어요. 근데 어째선지 그 물고기는 아직도 심해를 방황해요. 사실 심해가 아니라 얕은 바다인데..

12) 갇히거나 답답한 상태

새와 물고기는 막힘없는 공간에서 날거나 헤엄을 치는 동물들이다. 이러한 그들의 속성이 분명한 만큼 자유를 잃은 그들의 모습은 억압된 심리상황을 나타내는 데 잘 활용된다. 그래서 새가 새장에, 물고기가 어항에 갇힌 모습들은 답답함과 좌절된 심리상황을 알리는 그림 속에 자주 나타난다. 아래 그림들은 주로 갇힌 동물들을 표현하면서도 저마다의 다른 사정들을 알리고 있다. 속박된 심리에 대한 그 다양한 이야기와 차이들을 다음의 그림을 통해서 볼 수 있다.

중학교 3학년 남학생의 **그림 2-59**는 중국동포인 아버지가 병원에 입원해 있으나 자신과 여동생은 할머니와 함께 지방에서 살면서 아버지를 돕지 못하고 있는 안타까운 심정을 알리고 있다. 또한 중국에서 한국에 온지 얼마 안 되어 보이는 이 학생은 학교생활에서 유창하지 못한 언어로 스트레스를 받고 있기도 하다. 창문 너머로 날아가 아버지에게 가지 못하는 학생의 신분과 언어적 제약이 새장에 갇힌 새로 표현되었다.

그림 2-60은 도마 위에 올려져서 곧 잡아먹히게 될 물고기를 어항 안의 물고기가 바라보는 그림이다. 이 그림은 남녀공학의 중학교 1학년 여학생 반에서 진단그림을 실시하였을 때 받은 그림이다. 자신의 손목을 자주 칼로 긋는 등 자살을 반복해서 시도하는 같은 반 친구를 바라보며 옆에서 보는 친구로서 어찌하지 못하는 상황을 어항 안에 갇혀서 아무것도 하지 못하고 바라만 보는 물고기로 나타내었다.

그림 2-61, **그림 2-62**, **그림 2-63** 등에서 어항이나 새장에 갇혀 있다는 사실은 어떠한 행동도 할 수 없도록 제약을 주는 환경과 상황을 말하기도 하지만, 때로는 스스로 자신을 가두는 내면의 제약으로도 표현을 한다.

그림 2-64는 학업 성적에 따른 타인의 판단과 그 시선을 의식하는 자신의 심리가 답답하다고 고백하고 있다. 또 다른 결말의 그림인 **그림 2-65**와 **그림 2-66**은 누군가에 의해서 마음의 빗장이 열렸거나 스스로 어항의 문을 열고 외부세계와 받아들여 긍정적으로 변화하는 마음을 나타내기도 한다.

| **그림 2-59** |

| **그림 2-60** |

중학교 3학년 남 그림 2-59

운명: 다른 사람의 고난을 알고 있으나 도와줄 수가 없다. 사람도 새와 물고기처럼 창문의 더 큰 세계에 갈 수 있지만 갈 수가 없다.

중학교 1학년 여 그림 2-60

죽어가는 물고기를 바라보면서 도와주지 못하는 마음

| 그림 2-61 |

| 그림 2-62 |

중학교 1학년 여 그림 2-61

평화로운 오후, 새는 밖에 있는 새가 부러워 쳐다본다. 하지만 나갈 수 없기 때문에 슬퍼한다. 물고기는 이렇게라도 살아갈 수 있다는 게 다행이라고 생각한다.

중학교 1학년 남 그림 2-62

물고기와 새가 서로 부러워하는 장면. 새는 물고기의 물속에서 숨을 쉴 수 있는 것과 수영을 할 수 있다는 것을 부러워하고 물고기는 새의 날 수 있는 것을 부러워하지만 둘 다 갇힌 상황

| 그림 2-63 |

| 그림 2-64 |

중학교 1학년 남 그림 2-63

새 한 마리가 철창 안에 외롭게 있다. 새는 나가고는 싶지만 나가지 못해 창문 밖을 슬프게 바라보고 있다. 새는 하얀 바탕에 갇혀 있다.

중학교 2학년 남 그림 2-64

점수에 대한 실망과 점수에 대한 기대감에 빠진 나. 다른 사람의 시선과 말과 행동이 나를 가두는 감옥이 된다.

| 그림 2-65 |

| 그림 2-66 |

초등학교 4학년 남 그림 2-65

새 감옥에 갇혀있던 새가 있었다. 새는 감옥에 계속 있어 지루하여 심심하였다. 그런데 어디에서 한 여자아이가 왔다. 새 감옥에 가서 풀고 함께 살았다. 그래서 기쁘다.

중학교 1학년 남 그림 2-66

마음의 문을 닫고 있을 때는 아무도 없는 줄 알았는데 마음의 문을 열어보니 주위에 많은 친구가 있다.

13) 죽음

자주 손목의 동맥을 칼로 그으며 자해를 하는 중학교 여학생이 그린 그림 **그림 2-67**이다. 이 학교의 상담선생님에 의해 알게 된 사실은 이 여학생이 재혼한 가정에서 살고 있으며 친엄마는 자살을 하였다고 한다. 불운한 엄마의 존재는 사춘기에 있는 본인까지도 죽음으로 내몰고 있음을 그림으로 표현하였다. 이 학생은 같은 반 친구들까지도 자살을 시도하게 하는 어두운 영향력을 주고 있었는데, **그림 2-68**은 이 여학생과 같은 반에 있는 친구가 그린 그림이다. 힘들어하는 친구를 도울 수 없는 자신도 죽고 싶다는 이야기를 하고 있다.

열악한 어항 안에 물고기 한 마리가 있는 **그림 2-69**는 교실에서 분단 맨 뒤에 짝도 없이 왕따가 되어 혼자 앉아 있었던 발달장애를 가진 남학생의 그림이다. 실제 자신의 마음은 죽어가고 있음을 그림으로 알렸다.

그림 2-70은 발달장애로 정신지체가 있는 오빠와 같은 반에서 공부를 하였던 여학생의 그림이다. 힘든 물고기와 그 옆에 관심도 주지 않는 다른 물고기들의 존재를 언제나 오빠를 대신해서 느꼈을 것이다. 이후 이 학생은 그러한 힘든 시기를 지나 중학교에 진학되어 오빠가 남자 반에 가게 됨으로 자신과 분리가 되어 조금 나아졌다고 한다.

그림 2-67

그림 2-68

중학교 1학년 여 그림 2-67

깊은 심연 안에 고기가 빠져들며 죽어간다.

중학교 1학년 여 그림 2-68

어느 날 가장 친한 친구 두 명이 죽을 위기에 처한다. 한 명은 낚시대에 끌려 잡혀가고 한 명의 친구는 상어에게 잡혀 먹힐 위기이다. 그런데 도와주지 못하는 나는 너무 속상하고 미안하다. 그래서 결국 앓아눕고 죽음을 맞이하지만 살고 싶지 않았던 마음과 충돌하여 죽음을 결정한 것 같다.

| 그림 2-69 |

| 그림 2-70 |

초등학교 4학년 남 그림 2-69

고기가 어항 안에 갇혀 천천히 죽어가는 모습

중학교 1학년 여 그림 2-70

현실적으로 표현하여 기름에 둥둥 떠 죽어있는 물고기 한 마리와 그 물고기를 신경 쓰지 않은 무리를 지은 물고기

14) 속마음

그림을 통해서 자신들의 속마음을 드러내기도 한다. 다음의 그림들은 은밀한 자신만의 태도와 생각을 말해준다. **그림 2-71**에서는 친해 보이는 두 마리의 새를 혼자 떨어져 있는 새가 바라보고 있다. 자신을 나타내는 그 새는 두 마리에게 곧 벌들이 공격을 할 것을 알고 있으면서도 그 사실을 알려주지 않는 소심한 복수를 하고 있다.

그림 2-72에서는 물고기가 새를 좋다고 하지만 새의 속마음은 다르다. 새는 속으로 '맛있겠다'라고 생각하며 물고기를 잡아먹을 생각을 하고 있다. 특별히 새와 물고기의 얼굴이 서로 바뀌어 있다. 서로에게 친근할 수 있는 얼굴들을 하고 있지만 그 속마음이 서로 같지 않다는 것을 알리고 있다.

그림 2-71

| 그림 2-72 |

초등학교 5학년 여 그림 2-71

두 마리 새쪽에 벌이 있는데 혼자 있는 새가 보았다. 혼자 있는 새는 말해주고 싶었는데 벌이 무서워 말을 못했다. 두 마리 새들은 그것도 모르고 방방 뛰다가 벌에게 쏘였다. 혼자 있는 새는 그걸 드라마처럼 보면서 사과를 여유롭게 먹고 있다.

초등학교 4학년 남 그림 2-72

물고기와 새의 속마음

15) 경쟁과 싸움

학교에서 친구들과의 관계와 가정에서 형제 관계는 많은 경쟁과 싸움으로 이어진다. 이러한 다양한 집단 내의 역동이 재미나는 한 장면으로 그려지는데, 특별히 남학생들은 현재 진행되고 있는 교실 내의 힘겨루기격 싸움의 상황들을 즐겨 표현한다. 사실 경쟁적이고 대결적인 구도는 우리 아동들이 자신의 주변 환경에서 겪어내야 하는 현실이다.

그림 2-73은 여학생의 그림으로 줄다리기 게임이 벌어지는 에피소드를 비교적 즐겁고 희망차게 나타내었다. **그림 2-74**는 최강자가 누구인지를 가려내고자 하는 남학생들의 심리가 잘 나타난다. **그림 2-75**와 **그림 2-76**도 싸움을 하기 위해 더 많은 친구들을 동원하거나 '승리의 불꽃' 무기를 장착하고서 전쟁에 임한다는 내용이다. 남학생들은 학교 운동장에서 축구나 그 밖의 체육게임을 하며 주로 집단으로 편을 가르고 대결구도에 열정을 보이는 경우가 많다. 이때 정작 그림의 주인공은 게임이나 싸움에서 이기고 있거나 지고 있는데, 그 여부에 따라 감정소모와 스트레스의 정도가 다르다. 그러므로 이야기를 통해서 어떤 상황인지 나누며 그들의 감정과 스트레스를 충분히 들어주는 것이 중요하다.

| 그림 2-73 |

| 그림 2-74 |

초등학교 5학년 여 그림 2-73

오늘은 새들이 운동회를 하는 날이다. 이번에는 '줄다리기'를 하는 것이다. 갈색 새의 팀이 지고 있다. 옆에서 쉬고 있는 다른 새들이 응원해주고 있다. 나중에 갈색 팀이 이겨서 1:1이 되었다. 노란 팀의 1점은 그 전 경기인 나뭇잎 뒤집기에서 1점을 받은 것이다. 점심시간에는 '먼저 지렁이 잡기'게임을 해 점심을 먹었다. 그렇게 게임을 해서 노란 새 팀이 4점, 갈색 새 팀이 4점으로 동점상황에서 갈색 팀이 마지막 경기인 '이어 날기'에서 5:4로 이겼다.

초등학교 4학년 남 그림 2-74

우주의 2인자 태양의 새 3형제와 바다의 물고기 3형제가 우주 최강자를 가려내기 위해 형제의 명예를 건 게임을 한다.

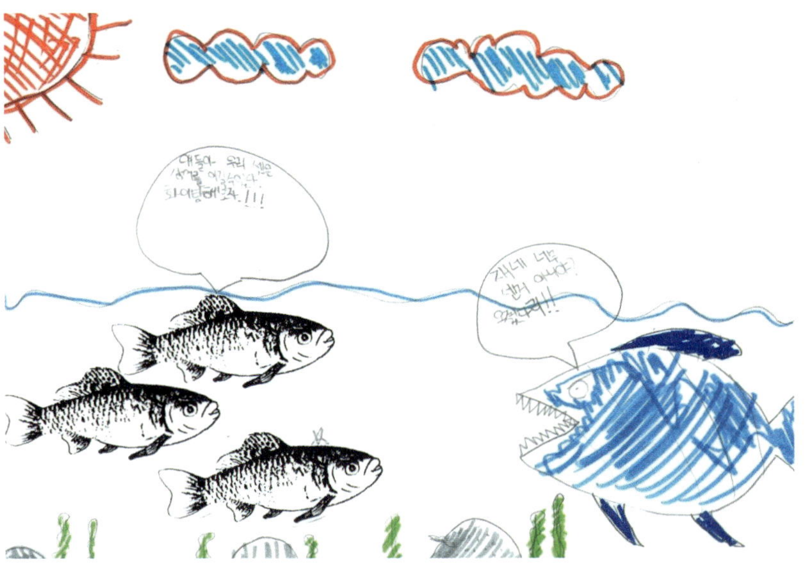

| 그림 2-75 |

| 그림 2-76 |

초등학교 4학년 남 그림 2-75

물고기 한 마리가 있었는데 두 마리를 데리고 와 상어를 상대해 이겼다.

초등학교 4학년 남 그림 2-76

물 반 하늘 반의 싸움: '물고기가 새한테 당하니까 승리의 불꽃으로 완전 무장하고 새에게 도전장을 내밀어 새와 물고기가 전투를 하고 있다.'

16) 대장되기

집단이 형성되는 곳에는 가장 영향력을 발휘하는 대장이 생기게 마련이다. 학교생활을 하는 아동들은 대장을 인식하며 자신이 집단 내에서 대장이 되기를 바란다. 특히 남학생들은 서열상의 가장 힘이 센 리더에 대한 나름의 자격을 부여하며 자신의 위치를 늘 의식한다. 다음의 그림들은 그러한 상황들이 나타나고 있는데, **그림 2–80**에서는 자신을 따르던 친구들이 더 힘센 다른 리더에게로 가자, 변명과 함께 서운함과 돌아오기를 바라는 마음을 표현하고 있다.

| 그림 2–77 |

| 그림 2-78 |

초등학교 4학년 남 그림 2-77

내가 왕을 하고 싶었는데 다른 참새가 왕을 해서 멀리에 있는 것이다.

중학교 1학년 남 그림 2-78

새들의 왕이 자기구역에 오지 말라며 다른 새들을 쫒아내었다. 하지만 그냥 새들은 할 말도 못하고 쫒겨났다. 새들의 왕이 될 수 있는 방법은 새들이랑 경쟁을 해서 이기면 왕이 된다. 그리고 왕의 눈은 빨간색이다. 심지어 죽어도 상관이 없다.

| 그림 2-79 |

| 그림 2-80 |

중학교 1학년 남 그림 2-79

각각 다른 색깔의 새들이 있다. 그 새들은 황금물고기를 잡으면 새들 중에 왕이 된다. 그런데 황금물고기를 갈색 새가 잡았다. 그래서 갈색 새가 왕이 되었다.

초등학교 4학년 그림 2-80

물고기와 새가 편먹고 싸우는데, 새 쪽 대장이 너무 약해서 부하들이 물고기 쪽으로 떠나는 모습이다. 새 대장도 자기가 약하고 싶어서 약한 것도 아닌데 그래도 떠나버리는 부하들이 미워서 부하들 쪽은 쳐다보지도 않는다. 부하들도 처음엔 조금 망설이는 듯 했지만 자기들이 떠나는 모습을 보고도 잡지 않는 대장에게 서운해져서 그냥 떠나려 한다. 새 기지는 알록달록하고 물고기 기지는 단색인데, 그 이유는 물고기 기지는 대장이 좋아하는 색깔로만 색칠을 해서 단색인데, 새기지는 '부하들도 좋아하는 색으로도 칠하자!'라고 생각해서 알록달록하다. 대장은 혹시라도 돌아올지 모르는 부하들을 위해 기지를 깨끗이 청소하고 페인트칠도 열심히 하고 좋아하는 음식도 많이 해 놓는다.

17) 자랑과 따돌림

아동과 청소년들은 또래집단에서 좀 더 자신을 돋보이고 싶어 하거나 자랑을 하고 싶어 한다. 여학생들의 친구관계에서 더 자주 벌어지는 그들 간의 결합과 분리의 이유이다. 그들은 눈치 없이 자기 자랑을 일삼으면 같은 또래들에게서 부정적인 피드백이 오며 자신에게서 떠나간다는 사실을 배우게 된다. 이러한 아픈 시기를 거치며 아동과 청소년들은 스스로 자중하는 법도 배워 간다.

| 그림 2-81 |

| 그림 2-82 |

초등학교 4학년 여 그림 2-81

어느 날 무지개물고기가 태어났습니다. 3년 후, 5년 후, ...11살이 되었습니다. 친구들이 무지개물고기를 부러워했습니다. 그런데 무지개물고기가 친구들에게 '메롱'을 하였습니다. 그래서 친구들은 화가 나서 몇 명은 가고 또 다른 몇 명은 옆에서 무지개물고기의 뒷 담화와 앞 담화를 깠습니다.

중학교 1학년 여 그림 2-82

초, 핑, 파, 노라는 네 명의 형제가 있었는데 어느 날 나무에 앉았어요. 그런데 이 세상에서 단 한 개 밖에 없는 날개가 있었습니다. 그래서 어떤 새가 날아와서 날개를 차지했습니다. 그러자 초, 핑, 파, 노는 그 제비를 질투하면서 날아가 버렸습니다. 그 새는 그냥 아름다움을 표현하고 싶었는 뿐인데 그래서 그 새는 너무 아쉬워했습니다.

| 그림 2-83 |

| 그림 2-84 |

중학교 1학년 여 그림 2-83

지옥과 천국: 새들이 다 같이 춤을 춰서 서로서로 좋고 잘했다고 칭찬을 하는데 나만 잘했다고 해주지 않아서 속상해합니다. 하지만 몇 명의 새들은 잘했다고 해 줘서 고마워했습니다.

중학교 1학년 여 그림 2-84

물고기들이 축제를 하는데 서로서로 지느러미와 꼬리는 하늘색으로 하기로 했는데 자기만 튀고 싶었던 한 물고기가 무지개 빛 옷을 입고 왔다가 너무 눈에 띄어서 축제 도중 새에게 잡아먹혔습니다.

18) 왕따

가족보다 또래집단이 더 중요한 시기에 있는 아동과 청소년들은 집단 내에서 심적 · 물리적 내침을 받는 왕따의 경험으로 크게 힘들어한다. 특히 심리적인 문제들을 겪는 대부분의 많은 아동과 청소년들의 주된 원인은 왕따 사건으로부터 받은 상처라 할 수 있다. 다음의 그림들은 그러한 상황들을 잘 표현하고 있다. 그들의 상처는 매우 선명하고 아프다. 혼자가 되거나, 꼬리가 잘리거나, 떨어지거나, 자폭하며, 눈알에 상처가 나서 죽게 되고, 마음의 상처는 점점 커지고 깊어진다. **그림 2-91**은 학급에서 제대로 말을 하지 않는 선택적 함묵증을 지닌 5학년 여학생의 그림이다. 새 두 마리가 어설프게 하는 행동들로 정작 물고기는 죽고 있다는 그림의 상황은 자신의 심리상태를 잘 드러내고 있다. 새들의 주둥이로 상처받고 있는 물고기의 상태와 심각성을 새들은 모른다. 말이 없는 자신에게 다가와서 그냥 쉽게 행동하고 돌아가버리는 친구들로 인해 힘들어하는 마음이 안타깝다.

| 그림 2-85 |

| 그림 2-86 |

중학교 1학년 여 그림 2-85

땡볕이 내리쬐는 날에 나무 그늘에 앉고 싶은데 총 2마리만 앉을 수 있는 나뭇가 지였다. 그러나 앉고 싶은 새는 3마리였다. 그래서 2마리는 부리로 한 마리의 꼬리를 잘랐다.

중학교 1학년 여 그림 2-86

친구가 사람들한테 잡혀가는데 한 친구는 모른척 하고 두 친구는 도와주려고 했었다.

| 그림 2-87 |

| 그림 2-88 |

초등학교 4학년 남 그림 2-87

참새가 저 멀리 산을 바라보고 있는 상황. 여기는 도시. 주황색 새는 위의 다른 새 때문에 떨어져서 자폭을 하려고 한다.

초등학교 4학년 여 그림 2-88

새들끼리는 서로 친하지만 물고기는 언제나 혼자이다.

| 그림 2-89 |

| 그림 2-90 |

중학교 1학년 여 그림 2-89

한 친구가 친구랑 싸워서 혼자 있는 모습.

초등학교 4학년 여 그림 2-90

한 친구가 다른 친구에게 뒷담 까고 자기 친구들을 모으는 모습이다.

| 그림 2-91 |

| 그림 2-92 |

초등학교 5학년 여 그림 2-91

호기심으로 어떤 한 마리 새가 생선을 가져왔는데 새 두 마리가 생선을 제대로 안 먹고 생선의 눈알만 열심히 쪼아 먹었다. 그래서 생선 눈알에선 피가 흘렀고 그래서 맛이 없는지 생선을 버리고 갔다. 한마디로 생선을 죽였다.

초등학교 4학년 여 그림 2-92

물고기는 장난으로 놀리지만 새는 마음이 점점 아파진다.

19) 도움이 절실히 필요해!

왕따나 집단 내의 폭력을 당한 경험 등은 아동들에게 큰 상처로 남는다. 그러한 상황에서 아무도 자신을 도와주지 않던 방관자 위치의 친구들에 대한 원망도 커진다. 그래서 종종 어려운 일을 당하고 있는 장면에서 도움을 주지 않고 있는 친구들의 태도나 행동들이 그려지거나 표현된다.

| 그림 2-93 |

| 그림 2-94 |

초등학교 4학년 남 그림 2-93

물고기가 물에서 헤엄을 치고 있었는데 새가 날아와 물고기를 물고 갔다. 그리고 그 새 친구와 같이 나누어 먹었다. 물고기는 피멍이 들었다. 하지만 물고기들은 구해주지 않았다.

초등학교 4학년 여 그림 2-94

어떤 한 새가 나무에서 떨어져 새들도 걱정하고 물고기들도 떨어진 새를 걱정하고 있다. 그리고 떨어진 새는 눈물도 나고 피멍이 들었다. 그래서 물고기와 새들도 슬퍼서 울었다. 그런데 떨어진 새를 걱정하면서도 도와주지 않았다. 그래서 떨어진 새는 그렇게 죽어 버렸다.

| 그림 2-95 |

| 그림 2-96 |

초등학교 4학년 여 그림 2-95

새가 다쳤는데도 또 다른 새는 차마 도와주지 못해서 그냥 떠내려가고 있다.

초등학교 4학년 남 그림 2-96

슈퍼물고기가 한 물고기를 죽이고 있다. 그런데 다른 물고기는 그냥 지나가고 있다.

20) 도움 주고받기

어려울 때 도움을 받아서 고마웠던 마음을 나타내기도 한다. 때로는 그 도움의 손길을 내민 것은 가족이었고, 가까운 친구들이기도 하였다. 아동마다 겪었던 어려움은 다양하다. 다음의 그림들도 아동들이 실제로 학급이나 집단에서 경험한 이야기이고, 자신을 도와준 친구들의 이름도 언급을 하며 고마워하였다.

| 그림 2-97 |

| 그림 2-98 |

중학교 2학년 여 그림 2-97

위로해주는 가족들: 물고기가 가라앉고 있는데 물고기의 가족이 와서 도와주는 장면이다.

초등학교 6학년 여 그림 2-98

두 파랑새의 기적: 파랑새 두 마리가 여행을 하고 있었어요. 그런데 쉴 곳이 없어 계속 돌아다니다가 나무 두 그루를 발견했어요. 하지만 나무는 작아서 한 마리만 앉을 수 있었어요. 그런데 두 그루의 나무는 거리가 있어서 서로 만날 수 없었어요. 둘이 서로 만나고 싶었어요. 어둠이 깔려서 아무것도 보이지 않았어요. 어둠이 깔린 곳에서 새 두 마리의 울음소리만 들렸어요. 그러자 아주 큰 물고기 6마리가 와서 다리를 만들어 몸에 빛을 내주고 한한 보름달이 뜨고 별똥별이 수없이 떨어지는 기적이 일어났어요. 그래서 두 마리의 파랑새는 다시 만날 수 있었어요.

| 그림 2-99 |

| 그림 2-100 |

초등학교 4학년 여 그림 2-99

파란 새의 부리가 뾰족하지 않아서 먹이를 잘 잡지 못해서 배가 고팠다. 그래서 연두색 새가 배고픈 파란 새를 위하여 물고기를 선물하여 주었다.

초등학교 4학년 여 그림 2-100

주황색 새가 물에 빠졌어요. 주황색 새의 친구가 다른 친구들에게 도와달라고 말을 했으나 친구들은 도와주지 않았어요. 그때 짹짹이가 도와주었어요. 짹짹이 덕분에 주황색 새는 살았습니다.

21) 폭력과 힘의 세상

학급에서 몇 명의 호기롭고 폭력적이며 반항적인 아동들로 말미암아 반 전체의 분위기가 통제가 안 되고 산만하게 되는 경우들이 있다. 앞으로 나올 폭력에 관한 많은 그림들은 주로 3학년 어느 한 반에서 나온 아동들의 그림들이다. 이미 전교에서 가장 문제가 되고 있는 이 반의 남학생들은 싸움과 폭력적인 주제의 그림들을 그렸으며, 자신을 무적의 싸움자로, 때로는 패배자의 모습들로 그려내고 있었다. 학급 내에서 서열적 싸움과 경쟁이 심한 만큼 대부분의 그림에서는 물고기나 새들의 몸이 잘려나가거나 피를 흘리는 장면들이 많았다.

그림 2-101을 그린 아동은 반에서 제일 문제아로서 전혀 규율을 지키지 않으며 힘에 대한 동경이 강해서 운동시간이나 일상생활에서 다른 남학생들과 많은 경쟁을 하며 싸움을 주동하고 있었다. 진단그림을 그리는 과정에서 일반적으로 주의해야 할 사항으로는 자기 그림에만 집중할 것에 대한 규칙이 강조된다. 대부분의 아동들은 자신의 심리가 드러나는 진단그림 그리기에 진지하게 반응하며 열심히 그림을 그린다. 그러나 이 아동은 물고기 몸통을 자르고 죽이는 작업과 함께 곧 그림과는 상관이 없는 낙서를 하며 떠들다가 심지어 자리를 이탈하여 멀리 앉아 있는 **그림 2-102**를 그리는 아동에게 가서 대신 그림을 그려주는 등의 행동을 하려 하였다. 저자가 이러한 행동을 제어하자 마지못해 자리로 돌아가서는 자신이 그리던 도화지의 귀퉁이를 잘라서 그림을 그린 후 보고 그리라고 그 친구에게 주고 왔다. 그는 자신을 규칙에 맞게 통제하지 않았으며, 자신의 작업물을 아끼지도 않았고, 권위자에 따르기보다 자신이 하고 싶은 것을 끝까지 하고야 말았다.

그림 2-102를 그린 아동은 다른 학교에서 전학을 온 주의력결핍 과잉행동장애(ADHD: Attention Deficit Hyperactivity Disorder) 아동으로서 산만하였

다. 이들이 공통적으로 관심을 둔 그림 주제는 '어벤져스' 영화 속 '타노스'와의 전쟁에 대한 이야기들과 '크로우'라는 게임 속 주인공 까마귀였다. 그리고 주변의 다른 남학생들도 매우 폭력적인 그림을 그렸는데, **그림 2-103**을 보면 알 수 있듯이 포악한 주인공들이 등장하는 영화나 싸우는 게임들이 아동들의 호전적인 성향과 폭력성을 더욱 활성화시키고 있음을 알 수 있었다.

그림 2-104는 서로 자신이 힘이 세다며 피 터지게 싸우는 장면이며, 붉은 피가 튀는 듯 매우 강렬한 터치로 표현되어 있다. **그림 2-105** 역시 폭력을 당하여 피를 흘리고 죽은 물고기 때문에 화가 났으나 자신마저 죽는다는 피해자의 심정이 드러나고 있다. 심지어 여학생의 **그림 2-106**에서도 살인자 물고기에 물려서 죽는 매우 부정적인 그림들도 있었다.

그림 2-107에서 일반적으로 새의 먹이감인 물고기가 도리어 새를 잡아먹는다는 이야기가 나온다. 이는 서열을 뒤집고 반항하는 모습으로 보이며, 심지어 선생님에게도 공격을 일삼는 학급의 실제 일상의 모습과도 닮은 상황이라 생각된다.

그림 2-108에서는 물고기를 미끼삼아 새도 잡았으며, 그림에 대한 설명은 음식이라 하지만, 그러기에는 너무 잔인하고 섬뜩하게 표현되어 있다.

이 학급은 친구들 간에 폭력적 상처를 서로 많이 받았으며 결국 반 전체가 스트레스를 겪고 있고, 이는 담임 선생님의 통제까지 소용이 없어서 반 전체가 안전해보이지 않는 환경임을 보여주고 있었다. 담임 선생님이 받는 스트레스도 많았으며 병가를 며칠씩 내야 하는 지경까지 이른 경우였다.

| 그림 2-101 |

| 그림 2-102 |

초등학교 3학년 남 그림 2-101

무제

초등학교 3학년 남 그림 2-102

타노스 VS 슈퍼 새: 슈퍼 새랑 타노스가 싸우고 있다.

| 그림 2-103 |

| 그림 2-104 |

초등학교 3학년 남 그림 2-103

크로우와 스파이크, 레온의 대결

초등학교 3학년 남 그림 2-104

새와 물고기의 전쟁: '어느 날 새와 물고기는 자기들이 더 세다고 했습니다. 계속 다투다가 전쟁이 되었습니다. 전쟁은 매우 치열했습니다. 피가 여기저기 튀겼습니다. 그리고 죽고 죽습니다. 계속 죽습니다.'

| 그림 2-105 |

| 그림 2-106 |

초등학교 3학년 남 그림 2-105

덤벼 물고기: '물고기가 죽어서 다른 물고기가 화가 났다. 그래서 사람으로 변했다. 그러나 그 물고기도 죽었다.'

초등학교 3학년 여 그림 2-106

살인자 물고기: '연못에 놀러갔더니 죽은 새가 있었는데, 살인자 물고기가 새를 물고 있었어요. 그 아이가 무서워서 뒷걸음을 쳤어요. 그런데 거기에도 그 물고기가 있어서 물고기에게 물렸어요. 그래서 아이가 엄마를 찾았지만 엄마가 늦게 왔어요. 그래서 아이는 하늘나라로 떠나갔습니다.'

| 그림 2-107 |

| 그림 2-108 |

초등학교 3학년 남 그림 2-107

물고기가 아주아주 평범하게 새를 먹는다.

초등학교 3학년 남 그림 2-108

죽은 새와 물고기 음식: '어떤 사람이 물고기를 잡고 그 물고기를 미끼로 해서 새를 잡고 그 새와 물고기를 음식으로 만들었다.'

22) 먹이사슬

아동과 청소년들은 가정에서 머무르는 시간보다 학교에서 보내는 시간들이 점점 더 많아진다. 이 기간은 사회생활을 익히는 중요한 때라 할 수 있다. 그러나 한편으로는 집단의 역동 안에서 그들은 매우 힘든 시기를 보내게 된다. 아직 성숙하지 않은 그들의 학교생활은 마치 정글처럼 위험하기까지 하다. 특히 남학생들은 저학년부터 고학년까지 그리고 중, 고등학생들에 이르기까지 양육강식의 상황 속에 자주 놓이게 되며, 힘의 원리가 강하게 작동된다.

다음의 그림들은 양육강식에 의한 포식의 단계를 잘 나타내 보이고 있다. 이러한 주제의 그림들을 접할 때 가장 주의 깊게 살펴보아야 할 것은 자신은 어디에 속해 있느냐이다.

3학년 남학생의 **그림 2-109**에서는 결국 새로 표현된 자신마저 죽는다는 이야기 속에서 어려움에 처해 있다고 말한다. **그림 2-110**에서는 자신은 방관자처럼 구경을 하고 있다. **그림 2-111**은 '이것은 자연의 섭리'라며 일반화하고 객관화하려는 모습이 보인다.

그림 2-112의 주인공은 연못 속 가장 작은 개구리가 자신이라고 검은 별표를 해놓았다. 서열에서 가장 낮은 자리에 있는 자신은 힘이 없고 위험에 노출되어 있는 약자로 인식하고 있다. 양육강식의 한 장면을 만화형식의 말풍선을 달고 생동감 있게 표현하였다.

"연못에 작은 개구리가 '으헉!' 놀라며 물고기에게 잡히려는 순간, 나무 위의 새 한 마리가 그 물고기를 낚시대로 잡는다. 물고기는 '아 망했다', '저 개구리를 먹으려는 참이었는데...'라며 놀라지만 또 다른 새 두 마리도 중간에 그 물고기를 낚아채고 싸운다. '먼저 잡은 사람이 임자야!', '내꺼야!', '이놈들아, 그거 내꺼야!' 그러나 하늘 오른쪽 끝에 '그 녀석들 맛있겠다'라며 큰 독수리가 나타난다."

| 그림 2-109 |

| 그림 2-110 |

초등학교 3학년 남 그림 2-109

먹이사슬: '붕어를 돌연변이 붕어가 잡아먹고 이 돌연변이 붕어를 마귀상어가 잡아먹고 메피도스가 다시 잡아먹다 닥터가 아가모토 눈으로 타노스를 잡아먹고 새도 죽였다.'

초등학교 5학년 남 그림 2-110

이 그림은 작은 물고기가 중간 물고기에게 잡아먹히고 중간물고기는 큰 물고기에게 먹히고 큰 물고기는 새한테 잡아먹히고 새는 배 낚싯줄에 걸리고 배는 번개를 맞는다.

그림 2-111

| 그림 2-112 |

초등학교 4학년 남 그림 2-111

이것은 자연의 섭리이다. 자연의 섭리는 함부로 나가거나 들어갈 수 없는 자연의 감옥이다. 먹고 먹히는 섭리처럼 새나 물고기가 되어 자연의 감옥에 갇혀 있는 것은 아닐까?

초등학교 4학년 남 그림 2-112

물고기가 개구리를 잡아먹으려 했는데 낚시에 걸렸다. 그 물고기를 다른 새 두 마리가 서로 먹겠다고 싸우지만 또 다른 큰 독수리가 새들을 노리고 있다.

23) 복수

아동들 일부는 폭력을 경험하거나 억울함과 패배감을 경험하고 나서는 종종 복수의 감정을 키운다. 진단그림에서 스스로가 힘이 세어지거나 더 강한 도구를 이용하여 상대방을 응징하는 자신의 바람을 그림으로 분출한다.

그림 2-113을 그린 남학생은 학급에서 자기편이 싸움이나 경쟁에서 패배하자 용처럼 신화적 용맹한 동물과 자신을 동일시하여 복수하고 싶은 마음을 드러내었다. **그림 2-114**는 매우 폭력적인데, 전기톱으로 상해를 입으며 또 그것으로 사람의 목을 베는 등 그 구체적인 표현은 꽤 살벌하다. 이 그림을 그린 남학생은 쌍둥이이다. 다른 쌍둥이 형제도 같은 학교에 다니며 각자 다른 반에 속해 있다. 그들은 그들의 각자 학급에서 자주 분노와 공격적인 행동들을 한다고 한다. 그림에 대한 이야기를 하는 과정에서 그는 쌍둥이 형제와의 갈등을 이야기하였다. 끝나지 않는 경쟁과 견제는 서로에게 상처를 주고받았고 풀리지 않는 분노가 있음을 알렸다.

| **그림 2-113** |

| 그림 2-114 |

초등학교 3학년 남 그림 2-113

용의 협곡: 물고기는 새가 자신의 종족을 먹어 협곡으로 도망을 갔다. 거기에 돌에 깔려 죽은 어류가 굉장히 많아서 돌을 피해 정상에 올라갔다. 협곡 정상에서 물을 먹고 용이 되어 새에게 복수를 하러 간다.

초등학교 5학년 남 그림 2-114

공격을 받은 새가 전기톱으로 사람을 죽인다.

24) 성장욕구와 패배의식

성장하는 과정에는 많은 용기와 노력이 필요하다. 학교라는 집단 내에서 아동들과 청소년들은 자신을 다른 이들과 비교하며 상대적으로 자신의 위치를 파악하게 된다. 아직 자아 정체성이 형성되지 않은 그들은 이 과정에서 많은 고민과 불안을 느끼게 된다. 이때 그들은 비교의식과 그로 인한 부러움, 무력감, 실패감, 포기 등을 경험하게 된다.

그림 2-115와 **그림 2-116**은 뛰어보고 날아보고 발버둥쳐 보아도 상대방을 따라잡지 못하고 있다고 호소하고 있다. 나머지 그림에서도 더 나은 상대방을 부러워하며 자신과 비교하거나, 노력도 하지 않는 무력한 나로, 심지어 자신을 저능아라 말하고 곤경에 빠진 자신을 그려내고 있다. 중학생이 된 그들은 순위가 정해지는 성적결과에 스트레스를 받으며, 친구들을 사귀는데 필요한 친화력과 호감을 주는 외모 등을 지향하게 되면서 좌절도 커지는 시기를 보낸다.

| 그림 2-115 |

| 그림 2-116 |

중학교 2학년 여 그림 2-115

도전하는 물고기: 바다에 있는 물고기가 나무에 앉은 새가 날아다니는 것을 보고 자기도 날고 싶어서 뛰어봤지만 결국 날지 못하고 다시 바다로 빠지는 상황이다.

중학교 1학년 여 그림 2-116

풍선과 새 3마리: 위로 올라가는 크고 밝은 날개를 가진 새들을 보며 풍선에 발이 묶여 날아가지 못하는 새. 어둡고 무거운 풍선을 단 작은 새가 올라가고 싶어 발버둥치지만 떨어지는 중이다.

| 그림 2-117 |

| 그림 2-118 |

중학교 1학년 여 그림 2-117

힘들게 뛰어 올라도 오래 날 수 없는 날치. 쉽게 날 수 있는 새에게 부러움을 느끼는 날치. 새와 자신을 비교한다.

중학교 1학년 남 그림 2-118

여러 실패(죽음)를 겪으면서도 물이 반대로 흐르는 곳을 꿋꿋이 거슬러 올라가는 각자의 개성을 가진 물고기들과 그들을 멍하니 바라보는 새(나)

| 그림 2-119 |

초등학교 4학년 남 그림 2-119

새는 재능아다. 물고기는 저능아다. 새같이 재능이 많은 아이를 따라가려면 3, 4배로 노력해야 한다. 그리고 새는 물고기를 배고플 때 먹는 것처럼 재능아가 사회적 위치에 올라가면 저능아를 함부로 대한다. 난 그런 물고기 같다. 재능을 타고난 것이 없어 더 센 아이에게 당해야 한다. 그런데 노력도 안하는 인간이다.

| 그림 2-120 |

초등학교 4학년 남 그림 2-120

한 새가 있었는데 잘 날지를 못해서 물에 빠졌다.

25) 욕구 표출하기

아동들은 이룰 수 없는 자신의 욕구로 인하여 상상력을 동원하고 환상적인 이야기를 만들어낸다. 힘이 없는 아동은 강한 무기를 장착한 돌연변이가 된 자신을 그리고, 물속에만 있는 물고기가 로켓처럼 하늘을 나는 그림을 그리며 자신의 내적 욕구를 표출한다.

| 그림 2-121 |

| 그림 2-122 |

초등학교 4학년 남 그림 2-121

돌연변이가 되어 힘이 세졌다.

초등학교 5학년 여 그림 2-122

물고기가 새 대신 하늘을 날고 있고 새가 물고기 대신 강가에서 헤엄을 치고 있다. 로켓처럼 나르는 '슈퍼 피쉬'도 존재한다.

26) 높은 효능감

아동과 청소년들이 자주 그리는 경쟁에 관한 그림에서 중요한 해석 기준은 자신의 위치이다. **그림 2-123**과 **그림 2-124**는 달리기 경주에서 앞서고 있거나 폭포를 거슬러 올라가는 물고기 중 자신이 더 높이 오르고 있다. 이들의 자신에 대한 높은 효능감은 그림을 통해 잘 나타나고 있다.

그림 2-124는 고등학교 1학년 여학생의 그림이다. 폭포의 양 옆에 새가 지켜보고 있는 가운데 두 마리의 물고기가 물살이 세차게 흐르는 폭포를 거슬러 올라가고 물방울로 인해서 무지개가 드리워져 있다. 물살을 오르는 물고기의 행동에 많은 정성과 에너지를 쏟는 표현을 하고 있다. 두 마리의 물고기 중 조금 앞서고 있는 오른쪽 물고기에게 자신을 알리는 별표가 되어있다. 화면은 거의 대칭구도로 이루어져 있다. 새가 양쪽의 나뭇가지에 앉았고, 폭포 정상과 아래에 있는 바위들의 위치도 그러하다. 이러한 구도는 경직되고 강박적인 심리를 드러낸다.

이 그림의 주인은 시험성적에 거의 강박적인 스트레스를 지니고 있었다. 초등학교 6학년 때 좋은 성적을 받은 후 칭찬이 이어졌으며 인정을 받는 기분이었으나, 그 이후 공부를 잘하는 친구들의 성적을 비교하기 시작하였고 시험에 대한 경쟁의 스트레스가 심해졌다고 한다. 현재도 시험시간 때 너무 긴장이 된다고 한다. 열심히 노력하고 있는 본인의 모습, 두 새처럼 이를 주시하고 있는 선생님이나 부모, 이러한 상황과 환경이 매우 강박적인 모습으로 나타나고 있다.

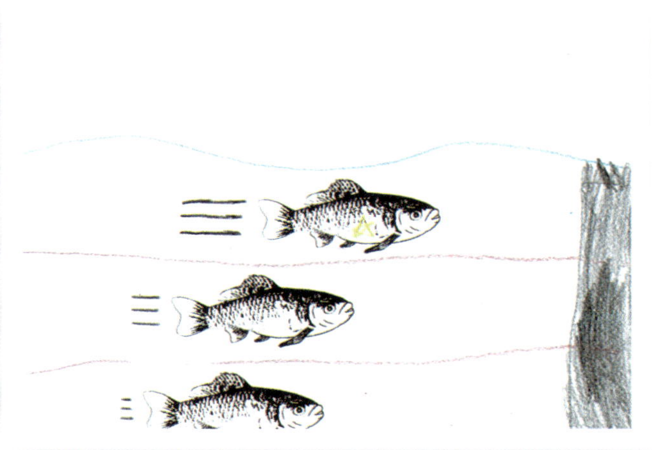

| 그림 2-123 |

| 그림 2-124 |

중학교 2학년 남 그림 2-122

'달리기대회: 달리기시합에서 내가 앞서 나가는 모습'

고등학교 1학년 여 그림 2-124

폭포를 오르는 물고기

27) 자신감

다음의 그림들 속에는 새와 물고기 이외의 강한 다른 동물이 등장하고 있다. 힘이 센 퓨마나 사자로 자신을 표현한 아동들은 그만큼 넘치는 자신감과 힘을 보여주고 있다.

| 그림 2-125 |

| 그림 2–126 |

초등학교 4학년 남 그림 2–125

어떤 숲에서 퓨마가 나올 때 새와 물고기가 옆으로 비켜주는 장면입니다.

초등학교 4학년 남 그림 2–126

새 두 마리가 강가에서 물고기를 잡아먹는데 물고기 한 마리가 먹히려고 하는 물고기를 도와주고, 한 마리는 해초 뒤에 숨고, 한 마리는 도망가고 있는 그림이 보일 것이다. 그리고 맨 뒤에 있는 사자는 무엇일까? 바로 물고기의 친구인데 새가 물고기 친구를 잡아먹으려 하니까 사자가 새를 잡아먹으려고 하고 있다. 그리고 사자는 참고로 날개가 있어서 새가 날아가면 같이 날아가서 잡아먹을 수 있다.

28) 높은 자아 존중감 – 사람이 자기상인 그림

새와 물고기의 도안을 이용하여 그림을 그리는 대부분의 아동들은 동물과 동일시된 장면을 주로 그리지만, 자기의식이 강하고 자기주관이 강한 일부 아동들은 사람인 자신을 그려 넣는다. 그림의 주인공인 자신을 현실적인 사람의 모습으로 그리며 이야기의 중심에 선다. 이런 아동들은 자기존중감이 높다고 볼 수 있다.

| 그림 2-127 |

| 그림 2-128 |

초등학교 4학년 여 그림 2-127

공원에서 내가 새에게 모이를 주고 있다.

초등학교 4학년 여 그림 2-128

내가 바다에서 수영하는 모습

29) 귀찮음

청소년기에 이르러 내재된 그동안의 다양한 미해결된 문제들과 더 이루어야 할 많은 과업으로 인해 이미 지치는 청소년들이 있다.

그림 2-129의 내용처럼 엄마는 애타게 밥을 먹으라고 하지만 정작 본인은

숨을 쉬는 것조차도 귀찮다고 한다. **그림 2-130**은 열린 창문 앞, 책 위에 앉아 있는 새는 밖에 나가기도 귀찮아서 그냥 머무르고 있다. 일하는 주인을 바라만 보고 있다고 한다. 이 여학생은 해야 할 일이 있으나, 안 하고 있기에 그 불안함을 일하고 있는 주인에게 투사시키고 있다. 설명과 다르게 멀리 누워 있는 작게 그려진 고양이에게 별표가 되어 있다. 그나마 주체라고 보이는 새조차 자신이라고 표현하기 싫은 것 같다.

한참 꿈이 많아서 활동이 많아야 할 청소년들이 이러한 무력한 그림들을 많이 그리고 있어서 안타깝다. 청소년기의 무력함은 대부분 우울증의 한 증상이기 쉽다.

| 그림 2-129 |

| 그림 2–130 |

중학교 1학년 여 그림 2–129

밥 먹으라고 엄마 새가 부르지만 다 귀찮다.

중학교 1학년 여 그림 2–130

일 구경중인 새: 새는 나가기 귀찮아 그냥 주인의 일하는 모습을 바라본다.

30) 외로움

그림 2-131은 다양한 감수성을 드러내기에 용이하다. 온통 파란색으로 칠해진 하늘을 배경삼아 아동은 자신을 해골이 난무한 묘지 위의 앙상한 나뭇가지에 홀로 앉아 있는 파랑새로 표현하였다. 파란색은 외롭고 쓸쓸하거나 눈물 같은 색으로, 온통 그러한 하늘색이 칠해지고 너무 외로워서 자신까지 파랗게 물들어버렸다고 말한다.

또 다른 그림 **그림** 2-132는 중학교 남학생의 외로움이 나타난다. 노을이 지는 저녁은 에너지가 고갈된 시간대이다. 더구나 색까지 칠하지 않는 무력해진 마음까지 드러난다.

| **그림** 2-131 |

| 그림 2-132 |

초등학교 4학년 남 그림 2-131

외로워서 새가 하늘색이 되었다.

중학교 2학년 남 그림 2-132

혼자 여행을 떠나 외로움을 느끼던 새가 나무에 앉아 노을을 바라보는 중이다

31) 실수

그림 2-133과 **그림 2-134** 속에는 '아차!' 하고 실수했던 되돌리고 싶은 부끄러운 일들의 기억들도 나타난다. 새는 먹이를 물고 오다 놓치고, 물고기는 친구들 앞에서 설사를 하는 창피한 일들의 장면들이 그려진다. 아동들은 이러한 장면들을 되돌리고 싶기도 하고 비판하는 시선들을 잊고 싶을 것이다.

| 그림 2-133 |

| 그림 2-134 |

초등학교 4학년 남 그림 2-133

새가 먹이를 물고 오다 자꾸 떨어뜨린다.

중학교 1학년 남 그림 2-134

연못에 사는 물고기가 설사를 했다.

32) 입장 바꾸어보기

새는 주로 하늘을 날며, 물고기는 물속에서만 산다. 이러한 당연한 자연법칙을 아동들은 바꾸어 그려본다. 그림을 통해서 아동과 청소년들은 자신이 처한 환경을 벗어나는 바람을 나타낸다. 자신들이 바라는 비현실적인 것들을 상상할 기회를 얻는 것이다. 물론 마법을 걸거나 진화라는 가상적 상상을 펼치며 새가 물속에서 살고 물고기는 하늘을 날게 한다. 또는 동생인 내가 언니가 되어 보기도 하고 포식자의 위치가 되어 복수를 꿈꾸어 본다. **그림 2-135**, **그림 2-136**, **그림 2-137** 그리고 **그림 2-138** 등이 그렇다.

그림 2-137을 그린 4학년 여학생은 "언니가 있는데 항상 언니가 나보다 나이가 많고 키도 크고 해서 세상이 반대로 되었으면 좋겠다는 생각으로 물고기는 높은 나무에, 새는 낮은 강에 두었어요. 나중에 꼭 언니보다 커지고 싶어요"라고 말했다.

| 그림 2-135 |

| 그림 2-136 |

초등학교 4학년 남 그림 2-135

어느 날 밤 물고기와 새가 이상한 열매를 먹자 새는 물고기로, 물고기는 새로 변했다. 그 이유는 달이 열매에 마법을 부렸기 때문이다.

중학교 1학년 남 그림 2-136

새는 맨날 하늘에만 있고 물고기는 맨날 물에만 있으니깐 한번 바꿔 보았다.

그림 2-137

| 그림 2-138 |

초등학교 4학년 여 그림 2-137

어느 날 작은 물고기는 자신의 언니인 새를 이기려고 했어요. 그래서 인어 공주에 나오는 문어에게 찾아가서 마법 약을 얻었죠. 마법 약을 먹었더니 새는 물에서만 살게 되고 물고기는 나무 위를 날아다녔어요. 결국 새도 문어에게 찾아가서 원래대로 돌아왔다고 합니다.

초등학교 4학년 남 그림 2-138

22세기에는 물고기가 진화해서 하늘을 날게 되었고 새는 진화를 해서 물에서 살게 되었다. 또 물고기 둘이서 이렇게 이야기를 한다. "우리 저 새를 잡아먹을까?" "그래그래! 옛날에는 새가 우릴 잡아먹었으니 복수다!"

33) 부정적인 환경과 미래관

때로는 아동들이 느끼는 지구의 미래의 전망은 어둡다. 지구환경이 오염되고 멸망해가는 부정적이고 어두운 이야기가 그려지기도 한다. 이런 그림을 그리는 아동들은 자신에게 느껴지는 외부 세계가 밝고 긍정적이지 못하다는 것을 말한다. '망한다', '썩는다', '사라진다', '멸종한다', '더럽혀졌다', '안 남는다' 등 그들이 선택한 단어들을 보면 알 수 있듯이, 그들이 느끼고 있는 세상이 안전하지 않고 절망적이다. **그림 2-139**, **그림 2-140** 및 **그림 2-141** 등이다.

중학생이 그린 **그림 2-142**는 직접적으로 표현하였다. 어둡고 불확실한 배경처럼 자신의 미래가 혼란스럽고 불투명하다고 말하고 있다.

| 그림 2-139 |

| 그림 2–140 |

초등학교 3학년 남 그림 2–139

쓰레기장: '지구에 쓰레기가 너무 많아서 지구가 완전히 썩어버린다. 사람들은 조금씩 죽어간다. 그리고 사람을 제외한 동물들은 조금씩 멸종해간다. 그리고 지구는 사라진다. 이런 일들이 일어나기 전에는 사람들이 아무 생각이 없어서 쓰레기의 반격을 받았다.'

초등학교 5학년 남 그림 2–140

지구멸망 직전: '아주 큰 새와 물고기가 나타났다. 사람들이 공격을 하자 새가 화가 나서 사람들을 잡아먹고 물고기는 다른 물고기를 죽여 버리고 물을 더럽혔다. 그러다 한 마리도 안 남고 죽었다.'

| 그림 2-141 |

| 그림 2-142 |

초등학교 4학년 남 그림 2-141

번개가 치고 물고기와 새가 잘렸다. 귀신이 지구에 침략을 했다. 줄여서 제1차 천계대전

중학교 1학년 여 그림 2-142

배경은 내 미래이고 새는 나

34) 가치관

아동의 환경평가 그림 진단은 아동과 청소년들의 자라고 있는 그들의 세계관들을 잘 보여주기도 한다. 초등학교 고학년과 청소년들은 좀 더 객관적이고 추상적인 자신의 가치관들을 그리기 시작한다.

그림 2-143은 5학년 여학생이 그린 것으로 보기에는 좀 무서운 장면이다. 새가 피를 낭자하게 흘리며 물고기로부터 공격을 받고 죽어가고 있고, 누군가는 나무 뒤에서 몰래 지켜보고 있는 예사롭지 않은 그림이다. 평소에 학급에서 활달하다 하고 성격도 밝아 보이는 여학생의 그림이었기에 더욱 놀라웠다. 하지만 나중에 안 사실은 이 아동의 부모가 이혼하였다는 것이다. 부모가 이혼하기까지의 과정에서 많은 불행한 일들을 목격하였을 것이다. 그리고 서로를 공격하며 아파하는 모습들을 목격하였을 이 아동은 이제는 어른들의 아픔과 자신의 아픔을 어쩔 수 없다고 받아들인다. 이러한 상황들이 벌어진 것을 어떤 도움도 받지 못한 세상에 대한 원망으로 돌리며 자신의 세계관으로 귀속시켜서 나타내 보이고 있다.

그림 2-144는 중학생이 이제 나름 겪어서 알게 된 세상섭리를 나타내 보이고 있다. '누군가 상처를 없앨 때 반대쪽에서는 상처를 입는다'고 말하고 있다. 자신의 이익을 위해서는 의도치 않게 타인의 권위를 침범하게 되거나 손해를 주어야 한다는 가치를 이제 막 깨닫고 있다.

그림 2-145도 고민하는 아동의 세계관을 보게 한다. 현실에서 이루기 힘들다고 생각하는 자신에게 '아니야, 내가 아직은 보지 못해서이지, 현실적으로 이루어질 수도 있어'라고 스스로를 타이르고 있다.

그림 2-146을 통해서도 기특하고 긍정적인 가치관을 찾아볼 수 있다. 사람마다 행복할 수만은 없는 상황들이 있으므로 싸우고, 토라지고, 소심한 사람들도 이해하고 친해져 보겠다는 4학년 여학생의 성숙해지고 있는 마음이 그려졌다.

| 그림 2-143 |

| 그림 2-144 |

초등학교 5학년 여 그림 2-143

물고기가 새를 잡아먹는다. 그러나 물고기는 죄가 없다. 단지 배가 고팠을 뿐이다. 정말 죄를 지은 것은 아무도 새를 도와주지 않는 '세상'이다.

중학교 1학년 여 그림 2-144

누군가 상처를 없앨 때, 반대쪽에선 상처를 입는다. 굶주리고 있는 아기 새들 때문에 어미 새는 강가에서 물고기 하나를 잡는다.

| 그림 2-145 |

| 그림 2-146 |

초등학교 6학년 여 그림 2–145

나만의 환상: '파란 물고기가 자신이 원치 않지만 부자인 빨간 새를 데리고 간다. 빨간 물고기는 자신의 환상을 꿈꾸지만 없다고 생각한다. 하지만 위를 보지 못했는데 위엔 자신이 생각힌 광경이 일어난다.'

초등학교 4학년 여 그림 2–146

나, 친구, 부모님을 내가 상상하는 마음의 색으로 표현해 색칠했다. 싸우는 사람(토라진 사람), 행복한 사람, 사랑하는 사람을 그렸다. 토라진 친구도 있지만 언젠가 화해했으면 좋겠다는 생각이 들었다. 나는 행복한 사람이 좋지만 상황에 따라 어쩔 수 없이 슬픈 사람, 화난 사람, 까칠한 사람, 소심한 사람도 있으니까 나 자신도 그 아이들만 싫어하지 말고 친구의 마음을 존중해 주었으면 좋겠다.

35) 해체된 도안 – 유머와 마법, 공격성

주로 남자 아동들이 새와 물고기의 머리를 자르고 서로 바꾸어 붙이고, 지느러미와 날개를 자르는 등 도안을 해체하는 방법으로 작업하는 경우가 있다. 아동이 저학년일 경우 마법 같은 상상력과 유머감각으로 보기도 한다. 그러나 여전히 거침이 없으며 저돌적이거나 폭력적이라 할 수 있겠다. 실제감이 있어 보이는 동물 도안이기에 몸통을 반으로 자르거나 머리통을 자르는 일은 분명 긍휼한 마음과는 먼 잔인한 통쾌감을 줄 수 있기 때문이다.

그림 2–147을 그린 아동은 즉흥적이고 조심성 없이 빠르게 작업을 하였다. 새가 날 수 있도록 지느러미를 달아주었다는 비논리적인 이야기 등 상상과 유머를 사용하며 스스로는 즐거워하였다.

그림 2-148을 그린 남자아동의 학급 내에서는 남자아동들 간의 패싸움과 기싸움이 매우 심각하였다. 새와 물고기가 경주를 하지만 어떠한 규칙도 없어 망하는, 혼란한 모습을 나타내었다. 이 반의 담임 선생님의 말씀으로는 평소 이 아동이 망했다는 말을 종종 사용한다고 하였다.

그림 2-149는 평범하지 않은 그림이다. 이 그림을 그린 아동에 대해서 평소에도 행동이 일반적이지 않아서 담임 선생님도 특이하게 생각하고 있던 아동이라 한다. 보통의 아동들은 온전한 새의 한 마리 자체를 자신과 동일시하여 사용한다. 그러나 이 아동은 자신이 주제인 그림을 위해서 새와 물고기를 머리와 팔과 다리의 일부분으로 활용하고 있다. 5학년의 나이에 비해서 자기중심적 사고를 하고 있거나 거대 자아관이 있다고 볼 수 있다. 그리고 이 아동은 다문화가정의 아동으로 원활한 의사소통이 부족한 양육방식에서 표현과 사고의 성숙이 아직 부족해 보이며 타인이나 동물과의 동일시하는 공감력이 떨어진다고도 할 수 있겠다.

그림 2-150을 그린 아동의 어머니가 정신병원에 계신다고 한다. 이 아동은 매우 창조적인 방법을 사용하였으나 대범하며 잔인하게도 새와 물고기의 도안을 난도질해서 매우 괴기한 동물로 표현하고 그에 맞는 이야기를 도출해 내었다. 주변에서 이상하고 비정상적 일들을 경험한 적이 있거나 비약적인 사고를 하고 있다. 괴물을 만들어놓고 다시 살충제를 뿌려 순하게 만들겠다는 이야기 속에서 불안한 자신을 순하게 통제하고 싶은 의도도 엿보인다.

| 그림 2-147 |

| 그림 2-148 |

중학교 1학년 남 그림 2-147

바다파워: 날지 못하는 새를 발견한 생선사무소 사장은 그 새에 마법을 주어 날 수 있게 해주려고 지느러미를 달아주었다. 주민들은 사장을 좋게 생각한다. 그래서 망해가던 사무소도 다시 일어났다.

초등학교 3학년 남 그림 2-148

새 싸움: 새와 생선이 싸우다 딱풀 때문에 생선과 새가 붙어서 망하는 그림

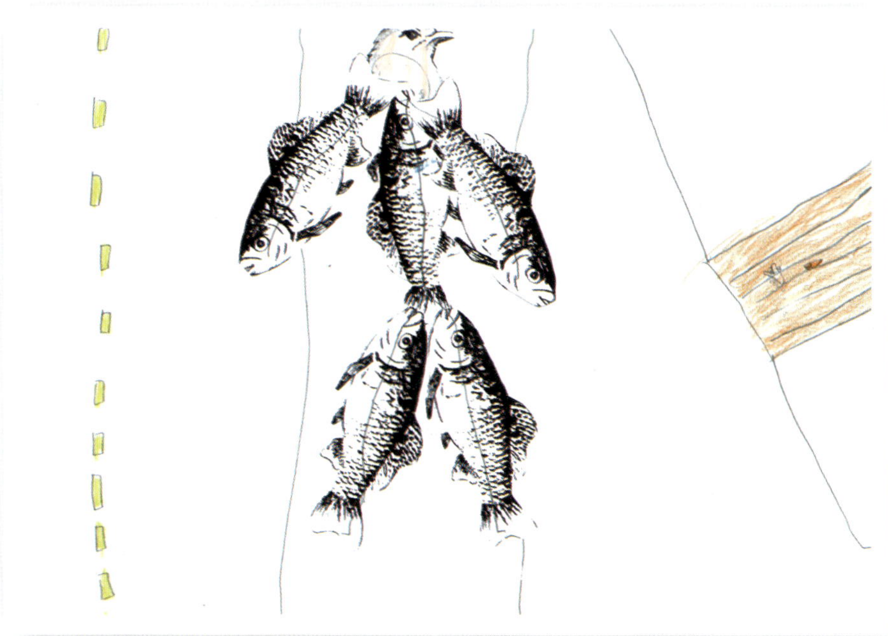

그림 2-149

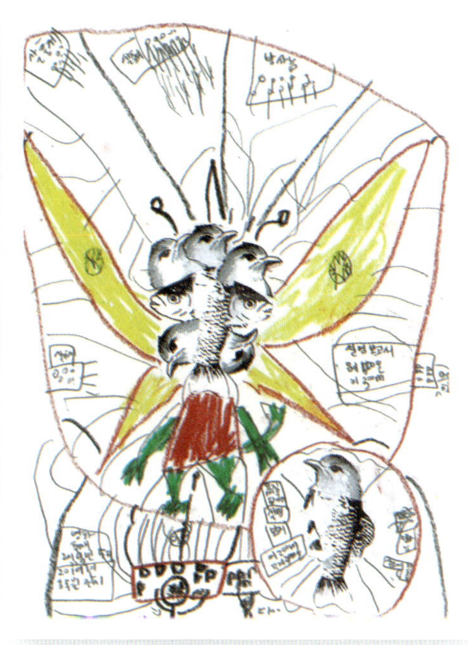

그림 2-150

초등학교 5학년 남 그림 2-149

아침에 하얀 죽만 먹고 집에서 학교까지 걸어가는 것이다. 기분은 빈속으로 가는 기분이었다. 그런데 막 그런 감정 있잖아. 뭘 먹긴 했는데 너무 포근한 음식이라서 빈속인 것 같은데 아닌 것 같은 기분 있잖아. 그 기분이었다. 그런데 또 내 집이랑 학교가 멀거든 진짜 가는 도중에 위장이 새가 되는 줄 알았다. 그런데 아침은 또 진짜 많이 먹었다. 그런데 지금 배고프다.

초등학교 5학년 남 그림 2-150

핵폭탄 방사능 때문에 유전자가 빨려 들어갔다. 그 때문에 물고기 유전자, 나비 유전자, 거머리 유전자가 합쳐졌다. 또 도마뱀 유전자가 합쳐졌다. 또 심해 밑바닥에서 잡아온 새와 물고기가 합쳐서 탄생한 희귀한 생물이다. 괴물은 크기 30m, 몸무게 500톤이다. 앞으로 영화취재를 할 것이다. 이번 해 겨울쯤에 동물원에 전시 될 것이다. 그래서 무조건 순해지게 만들 것이다. 방법은 살충제를 뿌려 순하게 하는 것이다. 먹이는 방사능이다.

36) 새와 물고기의 도안을 활용하지 않은 그림

그림을 진단하기 위한 지시어 중 가장 핵심이라 할 수 있는 도안 활용을 하지 않는 경우들이 있다. 이런 경우는 자신의 생각이나 감정이 너무 강해서 주어진 도안을 무시하고 자신이 그리고 싶은 것을 그린 것이다. 긍정적인 평가로는 자주성이 강한 경우라 할 수 있고, 부정적인 경우는 반항심이 있으며 순응하는 훈련이 안 되어 있는 경우라 할 수 있다.

그림 2-151은 2층 침대를 가지고 싶은 마음을 그린 4학년 여학생의 그림이다. 그림대회에 나가서 우수상을 받은 다음 졸라보겠다는 설명에서 알게 되듯이 그림에 자신이 있는 이 아동은 현재의 자신의 욕구가 강한 나머지 모든 지시어를 따르지 않고 그렸다.

그림 2-152를 그린 아동도 자신의 생각에 빠져 제시된 도안을 무시하고 큰 별과 동일시된 자신의 모습을 그렸다. 담임 선생님이 들려준 이 아동에 대한 피드백으로는 이들이 평소에도 자신의 생각이 많고 뚜렷해서 선생님의 지시에 따르지 않고 자신의 뜻대로 행동하는 경향이 많다고 하였다.

그림 2-153에서도 자신이 나타내고자 하는 역동적 새의 활동을 나타내기에는 도안이 부적절하다고 생각하고 스스로 새를 그린 경우이다. 이 남자아동은 매우 순발력이 있고 규칙에 매이지 않고 활동하는 경향이 있어 보였다.

다른 경우로 **그림 2-154**는 규칙을 따르지 않고 반발하거나 부정적인 감정이 많은 ADHD 아동이 그린 것으로, 한참을 그리지 않고 딴짓을 하며 주변의 아동들에게 큰 소리로 화를 내거나 자기변명을 하며 다투다가 시간이 많이 지난 후 학용품에 그려져 있던 이미지를 보고 작게 그려 넣었다. 이 아동은 규칙에 맞추어 자신을 조율하거나 통제하지 못하였으며, 그림을 그리는 과정에서 타인에 대한 피해의식과 낮은 자존감이 나타나보였다.

| 그림 2-151 |

| 그림 2-152 |

초등학교 4학년 여 그림 2-151

2층 침대: 2층 침대를 생각한 것이다. 안 된다고 하지만 가지고 싶고 식탐이 강한 강아지랑 비슷하게 집착이 강하다. 그런데 미술 우수상을 받아서 졸라 봐도 되겠다.

초등학교 4학년 여 그림 2-152

동생만 예뻐하는 것 같아 외롭다. 돈이면 뭐든지 해결되는 걸로 아는 부모님. 그러나 나는 그 단계를 뛰어넘어 반짝이는 큰 별이 되고 싶다. 내가 걸으면 그게 곧 길이니까.

그림 2-153

| 그림 2-154 |

초등학교 3학년 남 그림 2-153

새가 물고기를 잡아서 아기 새에게 주는 그림이다.

초등학교 4학년 남 그림 2-154

제목 없음

37) 창조적인 그림

종종 창의적인 방법을 사용하여 작업을 하는 아동들이 있다. 똑같은 지시어를 제시하였으나 창조적 발상을 하는 아동들은 거침없이 질문도 하지 않고 작업을 완성해간다. 다음의 **그림 2-155**는 입체적으로 도화지를 접어서 세 장면의 그림을 창출하였다. 그 작업의 방법은 매우 독특하고 창조적이다. 기존의 자연법칙을 새로운 시각으로 바라보는 내용조차도 새롭다. 이 아동은 학급에서도 상당히 명석한 이야기를 많이 발표한다고 담임 선생님이 확인을 해주었다.

그림 2-156도 이 그림을 그린 아동은 자신이 지니고 있는 많은 생생한 생각들을 구슬과 암호라는 추상적 단위로 정교하게 표현하였다. 이러한 개인적 의미를 지닌 작은 그림 하나하나로 인하여 그림을 보는 이와 함께 많은 이야기를 나눌 기회를 얻는다. 생각이 풍부하며 창의력과 섬세함이 풍부한 아동임에 틀림이 없다.

| **그림 2-155** |

초등학교 4학년 남 그림 2-155

새와 물고기: '옛날에는 새가 바다 속에 있었고 물고기가 하늘에 있었어요. 어느 날 물고기가 새의 물건을 훔쳐서 싸웠을 때 물고기가 새를 하늘로 밀고 새는 물고기를 바다 속으로 밀었어요. 그래서 새가 하늘을 날고 물고기가 바다를 헤엄쳤어요.'

| 그림 2-156 |

초등학교 4학년 남 그림 2-156

나의 인생: '나의 생각들의 표현을 구슬, 암호 등으로 나타내었다. 노래하면 내 생각이 표현되지!'

38) 말풍선 달기

어떤 일들이 구체적으로 벌어지고 있는 그림을 길게 설명하기 힘들어서 아동들은 종종 만화기법에서 사용되는 말풍선을 단다. 그림 속에 삽입된 말풍선은 그림을 생동감이 있게 하며 설명이 잘 되도록 돕는 역할을 한다. 하지만 그림만으로는 충분하지 않다는 아동의 심리가 들어있을 수 있다. 평소에 자기표현이 잘 안되거나 부족하게 느끼는 경우에 말풍선을 필요로 한다. 그림에 대한 이해를 받고자 하는 욕구가 강하거나 모호한 것을 잘 못 참는 경우라고도 할 수 있다.

4학년 여학생이 그린 **그림 2-157**은 많은 말풍선을 사용하여 설명하고 있다. 새가 물고기를 잡아먹을 때 일어나는 장면 안에 두 마리의 새가 한 마리의 물고기를 먹기 위해 "저 물고기 내꺼야", "아니야, 내꺼야"라며 싸우고 있다. 이때를 틈타서 그 아래에서는 다른 새가 "싸우지 말고 먹으면 될 텐데" 하고 후루루 짭 소리를 내며 물고기를 잽싸게 먹는다. 또 다른 한 쪽에서는 두 마리의 새가 "너 물고기 먹어봤냐?", "안 묵어봤다", "묵어볼래?"라며 한 물고기를 사이좋게 먹는다. 이 여학생은 싸우지 않고 서로 함께 하면 손해가 없다는 내용에 대한 말을 하고 싶은 것이다.

4학년 남학생이 그린 **그림 2-158**은 물속에 물고기가 두 마리가 그려져 있다. 화면의 왼쪽 물고기가 "심심하다 ㅠㅠ"라는 말풍선을 달고 앞으로 가고 있을 때, 그 뒤에 다른 물고기가 "나랑 같이 놀래? ^O^"라고 말하며 따라온다. 하늘에 해도 있지만 구름들이 많다.

아동은 그림에 대하여 "심심한 물고기에게 주황물고기가 다가와 친구가 되었어요"라고 말하였다. 이 그림을 설명하는 아동에게 '혼자 심심할 때가 많은가?'라고 물어보자 바로 눈물을 흘린다. 그리고 이후 질문들에 대하여 바로 답을 하지 않고 입을 꼭 다물고만 있다. 나중에 안 사실로 이 아동은 지난해에 전학을 왔다고 한다. 학급에서의 관찰된 이 아동의 태도는 매사에 적극적으로 나서지도 않고 친구들과 말을 하지 않았다. 자신에게 같이 놀자고 말해주는 친구들이 매우 절실해 보인다. 결국 자신에게 말을 걸어줄 친구가 필요하다는 바람이 나타난 그림이라 할 수 있다.

| 그림 2-157 |

| 그림 2-158 |

초등학교 4학년 여 그림 2-157

두 마리의 새들이 싸우는 동안 다른 새들이 물고기를 먹는 이야기

초등학교 4학년 남 그림 2-158

심심한 물고기

3 아동의 환경평가 형식 분석

1) 발달단계(Development Level)에 따른 형식 특징

유아의 그림과 아동 및 청소년의 그림과 성인의 그림은 각각 그 발달단계에 따라 그 표현되는 형식이 다르다. 그러므로 자기 나이에 맞지 않는 그림의 기법을 사용하고 있다면 발달상의 문제가 있거나 인지적이거나 정서적인 문제가 있음을 알아차려야 한다. 즉, 발달연령을 기초로 그 사람의 심리적인 성숙도를 추측할 수 있기 때문에 단계별 특징을 아는 것이 중요하다. 다음은 본서에서 주로 다룬 4학년부터 6학년의 아동들과 중학생들의 그림 이외의 유아와 초등학교 저학년과 고등학생의 그림을 간략히 소개하고자 한다.

(1) 유아기

1800년대 후반과 20세기 초에 아동의 미술표현에 관심을 가진 연구자들은 그림 발달에서 관찰된 단계들을 기술하기 시작했다. 그중 아동미술표현에 대한 전체적인 내용을 다룬 로웬펠트(Lowenfeld, 1947)의 연구가 잘 알려져 있으며, 나중에 개정판(Lowenfeld & Brittain, 1982)으로 다시 만들어졌고, 미술교사와 미술치료 분야에서 아동의 미술 수준을 측정하는 기준으로 사용되어 오고 있다.

유아들의 초기 그림은 흔히 움직임이 많다가 후에 지적인 활동으로 나아간다. 무질서한 직선과 곡선을 포함하는 무의미하게 끄적거리는 '난화'가 그려지며, 이러한 낙서에 점점 형태가 갖추어지고 명칭도 붙여지게 된다. 이를 '난화기(scribbling: 2세~4세)'라 한다. 그 후 구상주의적 기호의 초기 발날난계가 나타나ㅛ, 특히 사람의 ㅛ현하는 기본 형태가 나타나는 '전도식기(preschematic: 4세~7세)'를 맞이하게 된다. 이 시기에 있는 미취학 아동들은 도안의 경계선을 벗어나게 색칠을 하며 주관적인 색을 즐겨 사용한다. 이들이 사용하는 화면 공간도 공상적인 내용들로 가득 차게 된다. 이때의 유아들은 환경평가 진단그림을 제작하기 위해서 필요한 가위를 사용하기에는 손과 손가락의 협응 기능도 미숙해서 도안을 정교하게 오려내는 일들이 힘들다.

그러나 모든 발달단계의 사람마다 그 숙달되지 않은 기능 영역이 있다 할지라도 각 자의 심리적 환경은 적절하게 표현하고 있으므로 이야기를 주의깊게 잘 들으면 그 숨겨진 의미를 찾을 수가 있다. 특히 글을 모르는 유아들은 그림을 그린 후 충분히 이야기를 나눌 기회를 주어야 한다. 그들만의 의도와 상징의미를 찾는 것 또한 매우 중요한 일이기 때문이다.

| 그림 2-159 |

5살 여 그림 2-159

내 옆에 엄마 새가 있고요. 그 옆에 아빠 새가 있어요. 바다 아래에 물고기가 많아요. 이 물고기는 죽었어요.

그림 2-159는 5살의 어린 여아가 그린 그림이다. 역시 가위질이 서툴기 때문에 새와 물고기도안의 형태대로 가위질을 하기보다는 도안의 주변에 여백이 많게 거칠게 오려내었다. 그리고 주어진 모든 도안을 사용하여 화면 가득히 붙인 것은 자신의 심리에 맞는 도안의 수를 선택하기보다는 그저 도화지에 붙이는 작업을 즐긴 듯하다. 또한, 이 아동의 열정과 에너지가 많다는 사실은 부인할 수 없겠다. 색칠하는 작업은 정교하지 못해서 마치 낙서하듯 칠해져 있으나 발달상 이러한 표현은 정상적이다. 이 아동은 각각의 새와 물고기의 색칠방법을 달리하며 자신의 주관적인 느낌과 의미를 나타내고 있다.

이 모든 방식은 5살 아동의 발달 상태를 잘 보여주고 있다.

윗줄 왼쪽에서 세 번째의 별표를 한 파란색 새가 자신이라고 한다. 그 왼편에 그려진 엄마 새는 알록달록하게 더 정성을 들여서 색칠을 해주었으며, 물고기들이 있는 아래쪽에는 파란선의 실선을 그어서 바다임을 나타내었다. 이 그림에서 개인적으로 중요하게 보아야 할 것은 검정색으로 칠해진 위쪽에서 맨 왼쪽의 새이다. 아동은 아빠 새라고 하였다. 그리고 엄마와 자신이 있는 쪽과 아빠 새를 분리하기 위해 강하게 녹색의 선을 그었다. 심리적으로 안전하기 위해 자신이 있는 공간과 아빠의 공간을 분리해놓은 것이다. 그리고 아래 뒤집어 붙여진 물고기는 '죽은 물고기'라고 한다. 아빠와의 정서적 어려움과 문제가 있다는 것을 알 수 있는 단서이다. 실제로 이 아동은 다소 폭력적인 아버지를 두고 있다.

| 그림 2-160 |

7살 남 그림 2-160

친구가 없어요

그림 2-160은 7살 남자 아동의 그림이다. 이 아동은 유치원 생활에 대한 자신의 마음을 나타내었다. 새와 물고기들이 저마다 폐쇄된 동그라미 공간 속에 그려져 있다. 왼쪽 위 무지개 빛 원 안에 그려진 새가 자기 자신이라고 한다. 이 아동은 "다른 새들과 같이 놀고 싶은 데 못 놀고 있어요", "유치원에 가면 친구들과 놀고 싶은데...친구가 없어요"라고 말한다. 역시 그래서인지 모든 동물들이 각자의 공간에만 그려져 있다. 유치원에 다니기 시작한 지 얼마 지나지 않은 상황이기에 적응이 잘 되지 않고 있으며 친구들도 아직 생기지 않았음을 그림을 통해 알 수 있다. 하지만 그림을 잘 살펴보았을 때 우리가 알 수 있는 것은 자신의 공간을 매우 아름답게 정성껏 그리고 무지개 빛깔로 멋지게 꾸민 것으로 보아 자기중심적인 발달단계에 있음을 알 수 있다. 그러나 자기 자존감이 높다는 것도 알 수 있다. 아마도 곧 이 모든 상황이 바뀌고 많은 친구들이 생길 수 있을 것으로 보인다.

(2) 아동기

로웬펠트(Lowenfeld, 1947)는 저학년인 1학년과 2학년(7~9세)의 시기를 도식기(Schematic stage)라고 명명한다. 이때의 아동화의 특징은 표현의욕이 왕성하지만 표현의 목적이 뚜렷하지는 않다. 그저 표현하는 그 자체에 즐거움을 느끼며, 객관성이 없이 자기중심적으로 그림을 그려 나아간다. 그리고 이 시기에는 그림의 기능적 개인차가 크다.

3학년과 4학년(9~11세)에 해당하는 시기는 여명기(the stage of dowing realism)라고 한다. 이때는 도식적인 것에서 사실적이며 객관적인 표현의 경향으로 변하여 가는 시기이다. 그러나 한편으로는 유아기로부터 지니던 활기찬 표현력과 대담성이 줄어드는 시기라 할 수 있다. 남자와 여자의 성차를 인식하며 세부적인 묘사가 가능하다.

5학년과 6학년(12~13세)의 시기는 의사실기(Pseudo-realistic stage)이다. 미술적 표현이 침체되는 시기이지만, 원근감 있는 그림이 많아지고 복수선과 스케치풍의 선 등이 증가하여 보다 자연스럽고 부드러운 묘사가 가능하게 된다.

본서에서는 주로 4학년에서 6학년 아동의 그림들이 많이 제시되었으므로 저학년인 1, 2학년의 아동의 환경평가그림에서 자주 나타나는 특징에 대하여 말하고자 한다.

2학년인 남학생의 **그림 2-161**은 자신의 생각 속에서 일어나고 있는 이야기의 진행을 실시간의 놀이처럼 그려나가고 있다. 주제에 대한 계획도 없이 의식의 흐름대로 그림을 그려나갔다. 저학년의 다른 남학생들의 그림에서도 이러한 유희적 활동들이 자주 나타나는데, 주어진 새와 물고기의 도안을 오리고 붙일 때 서로의 몸통을 바꾸거나 자르는 장난을 즐기는 것을 볼 수 있었다. 이 그림을 보면 자신이 잘 그릴 수 있는 모든 괴생물체들을 그리다가 순간 하늘에서 뜬금없이 아기 똥 기저귀 폭탄을 그렸다. '지구종말'이라는 주제에서 보이듯이 부정적인 가치관도 보이고 자신의 주변에 있을 동생인 '아기'로 인한 스트레스도 느껴진다.

저학년의 그림에서 '낚시'를 하고 있는 그림들이 많았다. 이는 물고기와 연관된 그림이기에 일반적으로 연상되기 쉬운 주제로 선택이 되며, 다만 그 안에서 본인이 어떤 상황에 놓여있는지에 따라 자신의 심리는 여실히 드러났다. 자신을 낚시 바늘에 걸려 위험에 처했거나, 도움을 주는 물고기 또는 나몰라라 도망을 치고 있는 물고기와 동일시하는 등, 자신의 심리 상황들을 표현하였다. **그림 2-162**는 물고기들이 낚시 바늘을 피해 정신없이 도망을 치느라 벽에 부딪치기도 한다. 이미 낚이고 있는 물고기도 있으며 화석이 되어버린 물고기도 있다. 이 역동적인 장면에서 자신은 누구인지에 따라 매우 다른 진단이 나오게 된다.

그림 2-161

| 그림 2-162 |

초등학교 2학년 남 그림 2-161

지구가 종말하고 있다. 지구는 못생긴 물고기와 새들에게 지배당하고 있다. 괴생물체와 정체 모를 거인도 있다. 그러나 가장 강한 것은 아기 똥 기저귀폭탄이다. 그것이 지구에 떨어지면 폭발한다.

초등학교 1학년 남 그림 2-162

물고기가 낚시에 걸렸다. 모두 도망가고 있다.

(3) 청소년기

청소년들의 회화 능력은 그림형식에서 원근감과 깊이를 보다 정확하게 표현하고 세부묘사의 정확성이 향상된다. 중고등학생들은 그들의 복잡한 심리적 환경을 추상적 표현양식으로 더 용이하게 드러낼 줄 알게 된다. 그림을 통해 자신에 대한 가치관이나 생각을 '스스로 의도하여' 상징화하여서 의사소통을 하게 된다.

고등학생이 그린 **그림 2-163**에서 물고기들이 숨은 각자의 구역을 추상적인 공간으로 그려내고 있다. 각자의 구역이란 물리적인 공간뿐만 아니라 그들의 행동방식 등, 심리적 공간도 나타낸다. 공격적인 새로부터 물고기들은 그와의 관계에서 선을 긋고 견제함으로 이 상황을 반전시키고 있다. 자신을 둘러싼 복잡한 심리적 환경을 매우 간결하게 추상적인 공간으로 표현하고 있다. 이러한 표현들은 포위되거나 고립시키는 답답한 자신의 위치와 심리상태를 더 잘 보이게 한다.

그림 2-164는 틀에 박힌 직선의 틀 안에 있는 새는 이 장소에서 벗어나 탈출하고 싶다고 하였다. 이 그림을 그린 학생이 다니는 고등학교는 1학년의 여섯 반 중 세 반이 성적이 우수한 학생들의 특화 반으로 구성되어 있다고 한다. 자신이 있는 일반 반에서는 공부를 하지 않고, 도리어 포기를 한 학생이 많아서 자습시간에도 떠들고 전혀 학습 분위기가 좋지 않다고 한다. 자신이 이제 정신을 차리고 공부를 하고 싶은데 열심히 하는 자신을 주변 친구들이 도리어 놀리고 있다고 한다. 선생님께 질문을 하거나 자신을 격려하는 선생님의 행동조차 친구들에게 보이기도 불편하다고 하였다.

| 그림 2-163 |

| 그림 2-164 |

고등학교 1학년 여 그림 2-163

뒤바뀜: 새 한 마리가 수조에 들어있는 물고기 한 마리를 먹으려 하자 세 물고기는 각자의 구역으로 가서 서로를 응시하고 있다. 그로 인해 오히려 새는 자신이 무엇을 해야 할지 모르겠다는 생각을 한다.

고등학교 2학년 여 그림 2-164

벗어나기: 물고기들 속에 포위되어 있는 답답한 새

2) 일반적인 그림 형식의 특징

(1) 색칠정도(prominence of color)

이 항목은 전체의 그림에서 얼마나 많은 색을 사용하고 있는지, 어느 정도의 면적을 사용하여 색칠을 하였는지를 측정하는 것이다. 대체로 심리적으로 건강한 사람은 다양한 색을 활용한다. 그리고 색을 외곽선에만 사용하는 것보다 형태 안에 색칠을 한 그림이 그렇지 않은 그림에 비해 더 건강하다. **그림 2-165**와 **그림 2-166**처럼 모든 대상을 채색하고 배경까지 채색을 한 경우는 매우 긍정적인 평가를 줄 수 있다. 그러나 때로는 강박적으로 모든 형태와 공간을 채우는 경우와 조증일 경우도 유념을 하여야 한다. 이와 반대로 **그림 2-167**과 **그림 2-168**의 색 사용이 없이 그려진 경우는 의욕이 없거나 정서가 둔화되었음을 보여준다.

(2) 내적 에너지(implied energy)

이 항목은 그림을 그리는데 사용된 에너지의 양을 측정한다. 에너지를 측

정하기 위해서는 색칠의 정도, 선의 질, 공간의 사용에서 보이는 결과물을 결합하여 산출한다. 폴리(Foley, 1944)는 그림을 그리는 데 들어간 에너지 수준이 정신병리에 가장 잘 드러내는 지표가 된다고 보고하였다. **그림 2-166**에는 주어진 물고기와 새의 모든 도안을 사용하였으며 각각의 동물마다 그 상황에 따른 색칠이 정성껏 칠해져 있다. 같은 시간에 다른 아동보다 많은 에너지를 드러낸 작품이라 할 수 있다.

(3) 공간(space)

이 항목은 그림을 그릴 때의 공간의 양을 측정한 것으로 공간의 사용은 그 공간을 채울 수 있는 심리적, 신체적인 개인의 내적 욕구와 관련되어 있다고 한다. 예를 들어, **그림 2-168**처럼 심리적으로 에너지 수준이 낮거나 우울한 환자는 빈 공간이 많고 작은 사이즈의 그림이 그려지는 경우가 많다. 평균의 점수는 공간 사용율 50% ~ 75% 사이에서 보여주고 있다.

(4) 선의 질(line quality)/ 압력(pressure)

선의 질/압력 지표는 그려진 선이 어떤 성질을 가지고 있으며 그 필압이 어떠한지를 살펴보는 항목이다. 선을 휘날리게 그렸거나, 손 떨림이 있거나, 선이 끊겼거나 잘 이어져 있는지 등 그림 전반에 사용된 선이 얼마나 통제되었는지의 여부를 측정한다. 필압을 중간 정도로 유지하면서 때때로 강하거나 약한 정도가 가장 건강하다. 필압이 과도하게 높기만 하거나 너무 약하면 건강하지 않은 상태라 할 수 있다.

그림 2-165의 선의 질은 잘 정돈되어 있으며 안정감이 느껴진다. 그러나 **그림 2-169**의 바탕을 이루는 붉은 선들은 마치 전쟁이 있어나 폭력을 휘두르고 있는 것 같이, 강한 필압과 사방으로 뻗친 산만한 선들로 구성되어 있다. 이미 연필로 그린 괴물들을 덮어버려서 칠을 하였다. 이러한 형식을 통해 폭

력성과 통제되지 않는 감정이 잘 드러나게 된다.

(5) 통합(integration)

구성이 얼마나 통합적이고, 전체적인 균형과 각각의 요소들 간에 관계가 있는지를 평가한다. 즉, 그림의 내용들이 서로 연관성이 있어 보이는지를 평가하는 것이다. 아모스(Amos, 1982)는 만일 공간 구성력이 부족하다면 성격 조작은 매우 불안한 것으로 추론될 수 있다고 하였다. **그림 2-172**의 경우, 주어진 시간이 많이 남았음에도 불구하고 주변의 배경보다 관심을 갖고 있는 주제에만 집중하여 그림을 그리고 색칠을 하였다. 이는 균형 잡힌 통합적 사고를 하기보다 매우 주관적이며 형식에 얽매이지 않는 성격임을 알 수 있다.

(6) 사실성(realism)

사실성 항목은 사실적으로 그려진 정도를 평가하는 것이다. 그림에서 모든 요소를 알아볼 수 있는지를 평가한다. 더 현실적이고 삼차원적이라면 긍정적인 평가가 된다. 그러나 **그림 2-170**과 같이 상상력과 마법적인 사고에 의해 의도적으로 그려질 경우도 있다.

(7) 논리성(logic)

논리성은 제시된 과제에 대한 비논리적인 반응을 분류하고자 하는 척도이다. 추상적 사고를 측정하기 때문에 이 척도를 평가하기는 쉽지 않다. 여기서 주의할 점은 이 논리성을 주어진 과제와 연관하여 논리적인가의 여부를 판단하는 것이다. 과제에 적절한 구성을 갖추었는지를 평가한다. **그림 2-171**은 물고기가 있는 물속 공간을 그리다가 시간이 지남에 따라 나무가 있는 공간의 방향이 바뀌어서 그림형식상 비논리적인 그림이 되었다. 이 그림을 그린 중학교 1학년 남학생은 활동적이었으나 매우 산만하고 집중감이 부족하였다.

| 그림 2-165 |

| 그림 2-166 |

중학교 3학년 여 그림 2-165

‘**계절:** 여름에서 가을로 변하는 계절을 새 두 마리가 같이 바라보고 있다.’

초등학교 4학년 여 그림 2-166

나, 친구, 부모님을 그렸다. 싸우는 사람(토라진 사람), 행복한 사람, 사랑하는 사람을 그렸다. 토라진 친구도 있지만 언젠가 화해했으면 좋겠다는 생각이 들었다. 나는 행복한 사람이 좋지만 상황에 따라 어쩔 수 없이 슬픈 사람, 화난 사람, 까칠한 사람, 소심한 사람이 있으니까 나 자신도 그 아이들만 싫어하지 말고 친구의 마음을 존중해 주었으면 좋겠다.

| 그림 2-167 |

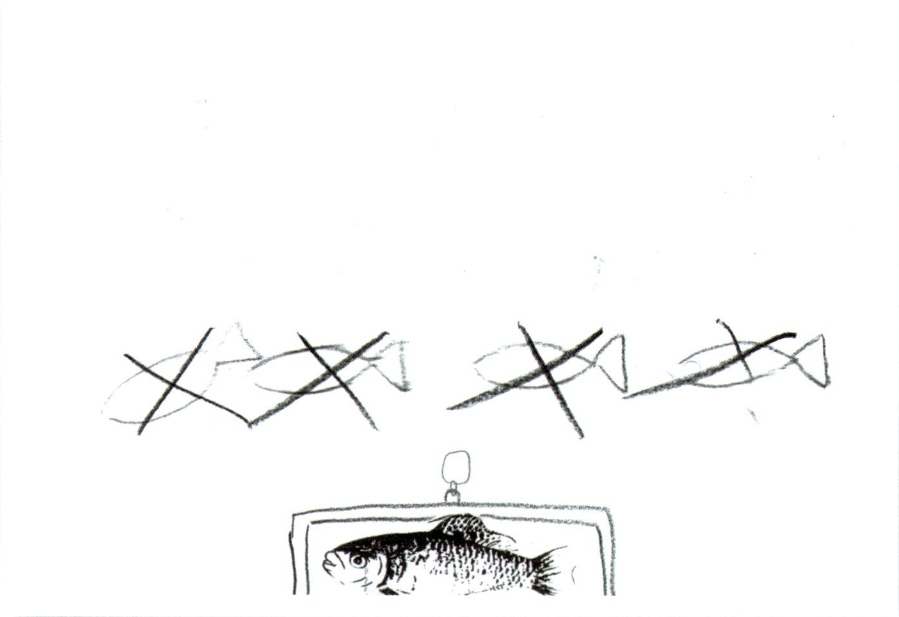

| 그림 2-168 |

중학교 1학년 여 그림 2-167

한 물고기가 낚싯줄에 걸릴 위기에 처했는데, 또 다른 한 물고기는 위험한 물고기와 아는 사이지만 바라만 보고 있다.

중학교 1학년 여 그림 2-168

갇혀 있는 곳에 혼자 있는 것이 편하다.

| 그림 2-169 |

| 그림 2-170 |

초등학교 4학년 남 그림 2-169

이상한 괴물이 사람을 죽였다. 그래서 군함이 왔다.

초등학교 4학년 남 그림 2-170

마법의 세계에는 새가 있다. 그 새는 마법나무에 앉아 있다. 마법나라 아래에는 마법배가 있다. 그리고 바람이 불고 있다(내가 마법세계의 새라면 날아다니며 여러 곳을 볼 것이다).

| 그림 2-171 |

| 그림 2-172 |

중학교 1학년 남 그림 2-171

역시 나! : 물고기 3마리가 있는데 새가 와서 싸웠다. 싸우는 물고기는 자신감 있는 나이고 뒤에 물고기 2마리는 친구들이다.

중학교 1학년 여 그림 2-172

죽은(사라진) 감정 위에 내가 앉다. 나는 감정이 없어졌다.

3) 콜라쥬 형식 분석

미술치료 기법으로 활용되고 있는 콜라쥬 기법은 1972년 벅(Burk)과 프로밴처(Provancher)가 미국 작업치료지에 평가기법으로 게재한 것이 최초이며, 이후 일본의 스기우라 쿄코(杉 浦京子, 1994)에 의해 치료기법으로서 연구 개발되어 활동되고 있다(이근매, 2008).

이미 완성된 이미지를 사용하는 콜라쥬 기법은 미술에 대한 거부감을 감소시키며 시간적인 단축과 함께 표현하기 힘들어 하는 내면의 이야기를 투사시키기에 좋은 기법이다.

그림조각의 수, 잘라 내는 방법(손, 가위), 여백의 유무, 여백의 분량, 종이 밖으로 벗어남, 뒷면 사용, 중복 붙이기, 자르는 방법(사물의 형태, 사각형, 부정형 등), 주된 문자 등을 중심으로 작품을 분석하며 색채 등도 고려한다.

| 그림 2-173 |

| 그림 2-174 |

초등학교 4학년 여 그림 2-173

이 그림은 아기 새와 아기 물고기들이 태어나서 축복을 하는 그림입니다. 여기에 나오는 숲은 잎에 노란색과 주황색, 하늘색, 보라색 등 신기한 잎도 많습니다. 이 중 둘이 서로를 보고 있는 새는 어미 새와 아빠 새입니다. 두 동물들은 축복을 하고 있었습니다. 그런데 서로 시끄럽다고 하면서 새와 물고기가 싸웠습니다. 그래서 아기 물고기와 새는 같이 자신들의 탄생을 축복하고 있었습니다. 결국은 새와 물고기들은 자신들의 잘못을 뉘우치고 다시 아기 새와 아기 물고기를 축복하였습니다.

초등학교 4학년 여 그림 2-174

새와 물고기는 다른 종류인데도 같이 대화를 하는 모습이다. 새는 대화를 하기 위해 바다에 있는 물고기를 위해 최대한 아래로 보는 모습이고, 물고기는 하늘에 있는 새를 위해 최대한 위를 보는 모습이다.

| 그림 2-175 |

| 그림 2-176 |

중학교 1학년 여 그림 2-175

두 영역의 중력: 바다와 숲의 중력이 달라져서 바다와 숲의 영역이 확실하게 갈라짐

중학교 1학년 남 그림 2-176

정글에서 꾀꼬리한테 생존하려고 발버둥을 치고 살아나려고 요리조리 피해 다닌다.

(1) 조각 수

이 진단그림에서는 정해진 도안의 조각 수는 없다. 피진단자가 욕구가 많이 억압된 경우에는 다소 많은 도안의 조각 수를 붙이는 경향이 있으며, **그림 2-173**처럼 많은 인간관계를 나타낼 때도 그 수가 많아진다. 심적 에너지가 적은 경우 **그림 2-168**과 같이 매우 적은 수의 조각을 사용한다.

(2) 종이 바깥으로 벗어남

물고기나 새의 도안 조각이 도화지 밖으로 벗어났는지 살핀다. 일반적으로 충동적이거나 규칙에 얽매이지 않는 성향일 때 나타난다. 그리고 에너지가 많은 것으로 해석되기도 하고, 벗어나고 싶은 강한 심리일 때도 의도적으로 표현되기도 한다. 중학교 1학년 여학생의 **그림 2-175**에서 물고기의 꼬리부분이 도화지의 선을 넘어 밖으로 벗어나게 붙여졌다. 하늘과 물의 공간이 뒤바뀐 상황을 통해 일반적인 원리에서 벗어나고 싶은 자신의 심리를 뒷받침하고 있어 보인다. 그러나 아동의 발달단계에서 어린 나이일수록 종이 밖으로 벗어나는 비율이 높음을 고려해야 한다.

(3) 자른 방법

일반적으로 자른 형태를 통하여 성격도 알 수 있다. 새나 물고기를 섬세하게 자르거나 대충 자르거나 도안 주변을 따라 넓게 사각이나 원 모양으로 자르기도 한다. 때로 손으로 찢어서 붙이기도 한다.

그림 2-173에서는 도안의 경계선을 세심하게 오려서 사용하였다. 이렇듯 섬세하게 매우 조심스럽게 자르는 경우, 지나치면 강박적인 행동으로 보기도 하지만 조심스럽거나 안정되고 차분하며 그 대상에 대한 동일시된 집중감을 드러낸다. 자르는 동안 자신의 마음을 진지하게 투사하는 과정이 되기 때문이다. 그에 비해 **그림 2-174**와 **그림 2-176**은 주어진 동물 도안의 선보다 넓게 간단하게 오려서 작업을 하므로 일처리를 간단히 해결하였다. 이는 대범하다고 할 수도 있지만 서두르고 충동적이며 감정 선은 단순할 수 있다. 그리고 **그림 2-169**처럼 의도적으로 다른 모양으로 자르는 경우도 있으며 개인적 의미를 부여할 때 새나 물고기를 절단하여 붙이기도 한다.

3장

환경평가 그림 진단의 이론적 기반

1 투사적 그림검사의 이해

1) 투사적 그림검사

'아동의 환경평가'는 일종의 투사적 기법에 따른 심리검사를 활용한 미술치료 진단 및 치료기법이다. 그러므로 투사적 심리검사란 무엇인지를 아는 것이 '아동의 환경평가'를 잘 이해하는 데 필요하다. 심리검사는 도구의 구조화 여부에 따라서 객관적 검사(objective test)와 투사적 검사(projective test)로 구별된다.

객관적 검사는 질문지 검사와 같이, 실시와 해석이 간편하며, 검사의 신뢰도 및 타당도가 검증되어 있고, 검사자 변인이나 검사의 상황변인에 따라 영향을 적게 받으므로 개인 간 비교가 객관적으로 제시되는 장점이 있다. 반면에 개인의 질적인 독특성에 대한 정보가 무시되는 한계가 있다.

투사적 기법을 활용한 검사는 로르샤흐 잉크반점 검사와 같이, 검사 자극이 모호할수록 자극을 인지적으로 해석하는 과정에 개인의 욕구, 갈등, 성격 같은 심리적 특성의 영향이 강하게 포함된다. 즉, 투사적 검사는 그 특성에 의해 비구조적인 검사 과정을 통해 개인의 독특성을 최대한 이끌어내며 기준이나 형식에 얽매이지 않고, 피검사자에게 자발적으로 해석 혹은 정서적 반응을 일으키게 하여 그 사람의 개인적 세계를 투영하도록 하는 장점을 지닌다.

그러므로 투사적 검사에 속하는 '아동의 환경평가'는 그 진단의 주제 범위가 넓으며 다양하고 독특한 진단내용을 포함시킬 수 있는 매우 기능적인 진단그림검사라고 할 수 있다.

투사적 기법(projective technique)이란 용어는 1930년대에 프랭크(Frank)에 의해 비롯되었고, 투사의 영역이나 방법도 특정한 형식에 의한 제한성에서 벗어난 다양성을 띠었다. 40년을 전후하여 그림이 개인의 정서적 측면과 성격을 평가하는 도구로 사용될 수 있다는 주장이 대두되면서, "그림은 개인의 심리적 현실 및 주관적 경험을 드러내준다"는 인식에 바탕을 두고 "투사적 그림(projective drawing)"이라는 용어가 등장하기 시작했다.

투사적 그림검사는 그림을 통해 자신의 심리와 경험을 내적심리 상태에 대한 시각적 표상으로서 바라보게 한다. 이러한 그림검사는 "사람이나 집, 나무와 같은 특정한 형상에 대한 그림은 개인의 성격, 지각, 태도를 반영해준다"는 가정에 기반하고 있으며 다양한 투사적 그림검사들이 심리학이나 심리치료 문헌에 등장하게 되었다(신민섭 외, 2006). 이후 미적 가치로서 인간의 정신적 질서를 확립시키는 다양한 예술을 치료에 많이 도입하였다.

그림투사검사란 언어 능력이 떨어지는 어린이나 정서장애 아동에게 적용하기가 적합하며, 심리적 어려움을 가진 청소년과 성인들의 임상장면에서도 많이 이용되고 있다. 그 이유는 일정한 정답이 제시되지 않으며, 방어가 적고 응답의 왜곡이 적기 때문이다. 또한 언어로 표출하기 어려운 문제를 제한 없이 반영될 수 있고, 성격의 다요인적 해석이 가능하기 때문이다(안정애, 2003).

그림검사의 장점이라 할 수 있는 투사적 기법의 특징을 부가적으로 열거하면 다음과 같다(김재은, 1998).

첫째, 투사적 기법은 '사람이 모호하고 구조화되지 않은 자극에 직면하게 되면, 자기의 내면 욕구, 태도 및 외부환경에 대한 막연한 지각 같은 것으로 반응하기 쉽다'는 가설에 입각하고 있다. 그리고 투사적 기법에 쓰이는 자극은 모호하며 불완전한 여러 가지 의미를 가진다. 따라서 그 반응에 대한 해석을 할 경우에 여러 가지 어려운 점이 있다.

둘째, 투사적 기법은 직접적인 표현이 아니라 간접적인 표현이기 때문에 내담자는 치료자가 무엇을 요구하는지를 파악하기 어렵다. 즉, 무엇이 바람직한 반응이며 무엇이 바람직하지 않은 반응인지를 내담자가 알지 못한다.

셋째, 투사적 기법은 대체로 반응이 다양하고 자유로우므로 내담자의 반응은 그 자신에게 있어서는 중요하고도 결정적인 의미를 가진다.

넷째, 투사적 기법은 반응에 대한 해석에 있어서도 자료의 여러 가지 측면을 종합적으로 해석해야 한다. 즉, 반응의 어떤 한 가지 측면만을 보아서는 안 되며 그 반응이 가지는 전체성을 파악해야 한다. 그림의 분석에 있어서도 색채뿐만 아니라 선, 형태, 구성, 내용 등을 종합적으로 파악해야 한다.

다섯째, 투사적 기법은 정신 분석적 개념으로 어떤 자극에 대한 반응은 내담자의 무의식 세계 또는 방어기제가 반영되므로 그림에서도 무의식의 세계 또는 방어기제의 파악이 가능하게 된다.

2) 아동과 투사적 그림검사

전통적인 심리학을 사용한 검사는 그림 진단검사와 비교하면 계량화되어 있어서 인간의 다양하고 입체적이며 세밀한 감정과 특성을 드러내는 데 한계를 가지고 있다. 또한, 심리학을 통한 심리검사는 언어의 도구를 통해서 인간의 내면을 조사, 표현하는 과정에서 언어로 표현될 수 없는 내면의 감정과 심리를 포착하는 데 그만큼 어려움이 있다는 것이다. 즉, 이러한 계량화된 심리학은 역사와 문화에 깊이 영향을 받는 아동의 심리현상과 그 의미의 발생, 아동 개개인의 자율적인 발달 리듬의 기원, 아동의 자아발달을 재촉하는 창조적인 행위들을 정면으로 다루기가 어렵다. 왜냐하면 아동은 저마다 주체적으로 살고 있기 때문이다. 60%의 아동이 어떤 것을 좋아하는 것과 남은 40%의 아동이 그렇지 않은 것은 양적인 문제가 아니라 질적인 문제라는 것을 잊어서는 안 된다. 즉, 아동 심리를 연구한다는 것은 결국 아동 한 사람 한 사람 속에 있는 고유한 심리적 특질을 끝까지 연구하는 것이라 하겠다(히로꼬 사사키, 2004).

반면에 미술 혹은 그림을 활용한 투사적 그림검사는 언어로 드러내기 어려운 내면세계를 그림을 통해 자연스럽게 표현되는 내용을 활용하는 방식이다. 예를 들면, 아동의 투사적 그림검사는 아동이 그림을 그리게 함으로써 언어로 표현하기 어려운 심리적 특성을 자연스럽게 도출하도록 하여, 그 그림을 통해서 아동의 심리 전체의 특성을 통합적 입체적으로 해석하는 심리검사이다. 즉, 그림의 형상뿐만 아니라 그림의 주제는 무엇인지, 그림을 그리는 과정은 어떠한지, 그림을 그릴 때 펜은 어떻게 잡고 있는지, 종이의 어느 위치에 그림을 그렸는지, 그림이 차지하는 면적은 어느 정도인지 등의 부분들도 그림을 그린 이의 심리에 대해 많은 정보를 말해준다.

그리고 실제로 상담 과정에서 아동의 그림 설명을 듣는 것은 매우 중요하다. 그림을 그리고 나서 설명이나 이야기가 덧붙여지지 않는다면, 즉 아동의 그림에 대한 이야기를 듣지 않는다면 그것은 그림 진단 검사의 50%만을 시행한 것이나 다름이 없다. 이는 그림에 대한 설명 안에 아동의 느낌과 생각에 관한 중요한 힌트가 담겨 있기 때문이다. 이야기를 통하여 그림에서 발견하지 못했던 다양한 면을 그것도 속속들이 파헤쳐 들여다 볼 수 있다.

그러나 그림검사는 종종 기계적으로 해석되고, 심지어는 심리학적 관점이나 이론에 의해서 의미가 왜곡되는 등 해석의 문제가 있기도 한다(신민섭 외, 2006). 그리고 그림을 보는 사람마다 주관적인 해석 가능성이 있다는 것은 바로 그림검사의 한계라고 할 수 있다.

2 환경

아동, 청소년은 각기 발달단계마다 환경에 적응해야 하는 과업이 있다. 그들이 적절한 시기에 과업을 성공적으로 수행하면 다음 시기의 성공을 위한 기초를 마련하나, 그렇지 못하면 이 후의 과업에 어려움을 느끼고 불행과 부적응을 경험할 가능성이 높다. 따라서 그들에게 주어진 환경이 열악하든 아니면 월등하든 간에 개인은 주어진 그 환경 속에서 성장하게 되므로, 그들의 발달과업에 영향을 미치는 환경은 매우 중요하다고 하겠다.

아동, 청소년의 발달은 개인이 환경과 상호작용을 하되, 개인 내적인 특성들이 환경을 여과하여 받아들인다는 것(Bronfenbrenner & Morris, 1998)이다. 아동과 청소년이 문제행동을 표출하기까지는 그들이 처해 있는 환경의 특성과 그 환경과의 상호작용 또는 그로 인한 내재화된 심리적 문제들이 지속적으로 부정적인 영향요소로 작용하는 것을 볼 수 있다.

제임스와 셀(James & Sell, 1981)은 지각된 환경의 특성을 다음의 4가지로 제시하였다.

첫째, 지각된 환경은 정도의 차이는 있지만 성원들이 환경에 대하여 느끼는 심리적 의미와 중요한 인지구조, 신념, 욕구 성향 등의 요인에 따라 해석하고 의미를 부여한다. 이렇게 심리적 의미가 부여된 환경은 개인의 행동을 통제하고 조절하는 구실을 한다.

둘째, 지각된 환경은 장기적 경험에 의하여 형성되고 일반화된 것이므로 안정성과 일반성을 가진다. 환경을 지각하는 방식은 일종의 환경에 대한 적응양식이라고 볼 수 있으나, 장기적 경험에 의하여 일단 형성된 지각된 환경은 관념화된다. 또 일시적 경험은 개인의 환경에 대한 지각에 별다른 영향을 미치지는 못한다. 그러므로 이것을 통해 개인의 행동을 예언할 수 있다.

셋째, 개인차를 반영한다. 객관적으로 동일 환경에 속해 있으면서도 환경에 대한 지각양상과 지각정도에 차이가 있을 수 있다. 즉, 개인의 특성이 반영된 결과로 볼 수 있으며 개인의 행동을 설명할 수 있다.

넷째, 이는 그 환경에 속한 개인의 장기적 경험에 근거하여 형성된 것이므로 그 환경에 참여하지 않는 객관적 평가자가 포착하지 못하는 중요한 정보를 설명할 수 있다는 것이다(Johnson, Skon, & Johnson, 1980).

동일한 생물학적 환경에 처해 있는 사람이지만 그들이 느끼는 심리적 환경은 다를 수 있다. 이렇듯 환경적 요소는 개인이 환경에 대해 지각하는 상태이며(Bronfenbrenner, 1986), 이러한 주관적 지표가 아동, 청소년의 행동문제에 중요한 역할을 하는 것으로 인식되고 있다. 그러므로 환경적 요인에 대한 아동, 청소년의 주관적으로 지각하고 있는 경험이 중요하게 다루어져야 할 필요가 있는 것이다(Dubow & Tisak, 1989).

바커(Barker, 1968)는 환경을 일반적으로 학교환경과 사회환경 및 가정환경으로 보았다.

1) 가정환경

가정환경은 자연적으로 형성된 인간생활의 기본적인 장이며, 그러기에 사회생활의 출발점이 된다. 대부분의 사람들이 가장 많은 시간을 가정에서 보내게 된다는 점에서 볼 때, 개인의 기본적인 생활양식이나 행동양식, 습관은 가정에서 형성되며 가족 구성원간의 인간관계에서 인격이 형성되므로 가정은 개인에게 있어 중요한 환경이다.

가족관계 속에서 아동들은 처음으로 사람과 관계하는 방법을 배우게 되고 상대방의 요구를 받아들이는 방법도 배우고 자신의 요구를 남에게 전달하는 것도 배우게 된다. 이렇듯 가정환경의 교육적 의미는 매우 중요하다. Bloom(1964)의 연구에 의하면, 인간의 지능은 4세까지 50%가 형성되고 4세에서 8세까지 30%가 발달되며 나머지 20%는 17세를 전후하여 완성된다고 한다. 특히 인간의 능력과 성격이 4세까지 영유아기에 크게 형성된다는 사실은 가정환경이 개인의 인격형성에 중요한 환경적 요인임을 말하여 준다.

가정환경은 물리적 환경과 심리적 환경으로 나눌 수 있다. 물리적 환경은 거주지의 생태적 환경, 가족의 규모, 내부 문화 시설, 양친의 유무, 형제자매 순서를 포함한 가족관계, 가정의 수입 등 가정의 사회, 경제적 조건을 말하며, 심리적 환경은 가족 상호간의 관계와 작용의 상태를 의미하는데, 특히 부모의 영향력은 자녀의 의식구조 형성에 큰 비중을 차지한다(서경아, 2003). 심리적 환경에서 가장 중요한 것은 부모관계로서 부모들이 자녀들을 양육하는 양식에 따라 다르게 영향을 주게 된다. 볼드윈(Baldwin, 1955)과 그의 동료들은 온정-냉정, 민주-독재, 정신적 개입-분리의 세 가지 차원을 제안했고, 바움린드(Baumrind, 1971)는 권위주의적 양육태도, 허용적 양육태도, 권위 있는 양육태도의 세 가지 유형으로 분류하였다. 또한 엘더(Elder, 1963)는 양육 형태를 전제형(autocratic), 권위주의형(authoritatarian), 민주형(democratic), 평등형(equalitarian), 허용형(permissive), 방임형(laissez faire), 무시형(ignoring)의 7개 형태로 분류하였다(노영운, 2005 재인용).

2) 학교환경

교실 속의 환경을 연구한 무스(Moos)는 교실의 사회 심리적 환경을 관계의 차원, 개인적인 발달 차원, 체계 유지 차원, 체계 변화 차원의 4가지로 분류하였다(박정희, 2000).

첫째, 관계의 차원으로 참여도, 급우관계, 교사의 관심이 포함되고, 둘째, 개인적인 발달 차원으로 학업지향성, 경쟁심이 이에 해당된다. 셋째, 체제 유지 차원으로 규칙의 명료성, 질서와 조직, 교사의 통제를 포함한다. 넷째, 체제변화 차원으로 학생들의 창조적인 생각을 고무시켜 주는가 등을 말한다.

특히 학교환경에서 친구관계라는 환경은 매우 중요하다. 친구관계에서 상호작용을 통해 타인의 문제에 관심을 가지고 타인의 관점을 이해하게 되며 신체적, 인지적, 사회적 기술을 발달시킬 수 있는 중요한 맥락을 제공하기 때문이다. 어린 시절 친구관계에 어려움을 겪는 아동은 청소년이나 성인이 되어서도 친구관계에 어려움을 경험한다. 이는 친구관계가 아동에게 직접적으로 충족감을 주고 이를 통해 행복을 느끼게 되는 심리치료적인 효과를 갖기도 하기 때문이다. 이처럼 친구의 지지가 아동 청소년의 성장발달 과정에서 중요한 영향을 미치는 환경적 요소임을 알 수 있다(박은주, 2005).

즉, 아동기에서 청소년기로 성장함에 따라 부모나 교사와의 관계보다 비슷한 연령의 친구관계를 통해 많은 영향을 받게 된다(민병기, 2002). 아동기의 긍정적, 부정적 친구관계는 미래 청소년기와 성인기의 대인관계와 정신건강, 행동문제 등의 적응과 밀접한 관련이 있으며 친구는 가족들로부터 제공받는 사회적 지지와는 다른 성질의 사회적 지지를 제공하는 중요한 지지원이다(최충식, 2006). 물론 부모의 영향력이 계속되고 있긴 하지만 8세부터 15세까지의 친구의 영향력은 점점 커져간다(Oosterwewgel & Oppenheimer, 1993).

3) 사회환경

사회적 환경에서 받는 지지는 개인이 속한 사회 안에서 유의미한 타인으로부터 사랑을 받고 가치롭게 여겨지며 긍정적으로 인정받고 있음을 지각하는 것을 의미한다(Cobb, 1976).

현대사회환경은 개인에게 매체를 통한 생활을 하도록 영향을 주고 있다. 특히 가정에서 사용되는 텔레비전이나 컴퓨터는 생활의 필수도구가 되었다. 아동과 청소년에게 텔레비전, PC통신과 인터넷 사용은 많은 영향을 준다.

또한, 유해 환경은 국가의 안전 환경과 아동의 복지 및 삶의 질에 적극적으로 영향을 주는 매우 중요한 환경의 하나이다. 국제아동보호단체인 유니세프(UNICEF)의 보고서에 따르면 국내 1~14세까지의 안전사회를 분석한 결과 25.6명이 상해 및 사고로 목숨을 잃고 있으며, 세계보건기구에 따르면 유해환경과 관련한 각종 질병으로 전 세계적으로 14세 이하 아동의 500만 명 이상이 매년 사망하고 있다. 급성호흡기 질환, 말라리아, 설사 등으로 인한 아동사망을 예방하기 위해서는 건강한 환경조성이 필요하며, 이밖에 교통사고와 익사 등의 비의도적 부상이 아동 사망의 주요원인으로 분석된다.

아동과 청소년은 가정과 학교의 제한적인 환경을 벗어나기 힘들고 아직 성인의 도움이 필요한 시기이다. 그들의 환경 파악을 위해서는 부모, 학교생활과 친구관계 그리고 사회적 지지가 주요한 요인으로 작용하기 때문에 다차원적인 차원으로 영향을 받은 환경평가가 이루어져야 할 것이다.

3 아동의 환경평가에서 사용되는 상징

그림이나 조형에 나타난 이미지는 창조성과 결합되며, 모든 창조 활동의 배후에는 이미지가 존재한다. 이미지는 상징성이 있다. 그중 특히 상징성이 높은 것이 표상(symbol)이다. 그 자체가 상징이다. 그림이나 조형, 음악 등 예술적 표현에서 상징, 즉 이미지는 치료사가 내담자의 내면을 이해하고 상담을 진행해 나가도록 하는 단서가 된다(이근매 · 아오키 도모코, 2017).

그림은 작가가 경험한 것, 지각한 것, 느낀 것, 생각한 것을 상징을 통해 표현하게 된다. 상징은 어떤 것을 대신해서 대표된 것(symbolfuer etwas)을 의미하며 현대에는 표상과 이미지 결합을 통해 어떤 것의 상징(symbol von etwas)을 나타내는 비유적 의미로 많이 사용되고 있다(Vonnesen, 1982).

상징은 의식과 무의식을 연결해 줄 수 있는 것을 상징으로 보았다. 인간의 무의식은 언제나 상징으로 표현되고 있으며, 상징을 통해서 자신을 드러낸다. 또한, 상징은 기호와 달리 우리가 알지 못하는 어떤 미지의 세계를 최선의 방식으로 표현해내는 시도로 보았으며, 아직 드러나지 않은 무의식적인 내용을 표현하고 각성시키는 데 가장 좋은 수단이 된다고 했다.

상징은 그 실재에 참여하게 하는 기능을 한다. 상징 안에 내포된 정동적인 요소와 거기에 분출되는 힘은 그 대상에 직접 참여하여 그 대상과 하나가 되게 한다. 그리고 상징은 리비도(libido)를 변화시키는 기능도 수행한다.

상징은 바로 의식의 세계 속에 무의식의 세계를 간접적으로 연결해 줄 수 있는 매개의 기능을 한다. 인간이 무의식과 직접 대면하지 않도록 안전한 보호 장치가 필요한데, 바로 상징이 방어벽의 역할을 하는 것이다(김연희, 2002).

상징은 지속적이고 반복적인 인간의 지각 경험의 압축 형태로서 은유의 한 형태라고 할 수 있다. G. 레이코프와 M. 존슨도 'Mstaphor We Live By'(1980)에서 은유는 단순한 언어의 문제가 아니라 인간의 사고 과정 대부분을 지배하고 있는 힘이라고 하였다(배선윤, 2007).

그러므로 상징을 사용하는 그림의 이해는 인간의 무의식을 간접적으로 인식하고 자기실현을 가능하게 하는 개인적 성장을 위해 필요하다.

동물은 흔히 존재의 본능이나 무의식을 상징하는데, 융은 동물의 상징성을 '시각화된 무의식의 자기의 모습'이라고 하면서 원시적인 동물일수록 보다 깊은 무의식의 자기를 대변한다고 했다. 동물에 대한 상징성은 전통적으로 동물 자체가 가지는 자연적인 습성을 그 기반에 둔다(수잔 핀처, 1998: 174-177).

이러한 동물의 상징을 아동과 청소년들은 친근하게 사용하며 쉽게 자기와 동일시를 한다(융, C. G, 1983: 35).

아동과 청소년의 심리환경을 그림으로 진단할 때 사용할 동물인 새나 물고기는 그들에게 매우 친숙한 동물이다. 이러한 동물들은 자연과 우리의 생활 주변에서 흔히 접할 수 있는 생물이다. 지구 어느 곳이든지, 즉 추운 지역이나 더운 지역이나 높은 곳이나 낮은 곳이든 대부분 분포되어 살고 있는 낯익은 동물이다. 그러므로 다양한 지역에 사는 아동과 청소년들의 심리 진단그림의 주제로 매우 용이하다.

1) 물고기 이미지 상징

물에서 사는 물고기는 척추동물 중 최초로 지구상에 출현한 생물이다. 물속에서 육지동물의 폐에 해당하는 아가미로 호흡을 하고 지느러미를 움직여 헤엄쳐 다니며, 많은 양의 알을 낳아 그중 살아남은 알만이 번식을 하고, 일반적으로 바다나 강, 호수 등지에 무리지어 이동을 하며 생활한다. 물고기는 유선형의 체형과 단순한 형태의 골격, 지느러미, 구형의 눈 그리고 비늘이 있다. 이러한 체형들은 물의 저항을 최소화하여 물고기의 움직임을 도와준다.

물고기 그림은 넓은 지역과 오랜 기간을 걸쳐 인간의 삶에서 하나의 상징적 요소로 자리하였다. 물고기는 원시시대부터 인간에게 에너지 공급원으로써 중요한 생활유지수단이었고 사랑, 풍요, 번영을 상징했다(진쿠퍼, 1996: 138).

원초적인 생명력이 넘치는 원시시대의 물고기 그림은 우리나라의 경우는 신석기와 청동기시대의 바위그림에서 많이 나타났으며, 서양에서는 메소포타미아의 조각과 고대 이집트 벽화의 수렵장면에 많이 등장한다. 이는 고기잡이와 사냥에서의 성공과 풍성한 수확을 기원하는 것과 알을 많이 낳는 생물학적 특성상 다산과 자손번창의 의미로 사용되었다. 서양과 인도나 유럽 사람들에게도 물고기는 풍요와 지혜의 상징으로 사용되었다. 고대 미지세계 속에서 물고기는 자연의 전령이었으며 인간에게 자연이 주는 식량으로서의 산물과도 같아 여러 중의적인 상징으로 사용되었기에 종교나 신화 속에서 물고기 그림은 각 종교의 특징을 잘 나타내어 주는 상징으로 사용되었다.

또한, 오늘날의 각 가정의 어항뿐만 아니라 다양한 형태의 수족관은 어류들의 흥미진진한 생태와 모양새를 시각적 볼거리 이상의 교육적 가치로서 제공해주고 있기도 하다.

심리학에서 물고기는 인간 근원의 생명력을 상징하기도 한다. 물고기에게 삶의 터전이 되는 물은 인간의 생명을 유지시켜주는 필수불가결한 물질이며 아울러 모든 생명의 근원이기도 하다. 한편 물은 창조하고, 해체시키고 재탄생하는 특징이 있기에 죽음의 물질이기도 하다. 인간의 삶은 자연의 순환이며, 자연의 순환으로써 물은 창조와 생명력, 죽음 그리고 재탄생으로 비유되고 있다. 이러한 의미에서 물과 그 물에 순응하며 사는 물고기로부터 인간은 자연의 섭리를 터득하게 된다.

아동과 청소년들 역시 물고기 상징을 통해 물속에서 자유롭게 헤엄치는 장면을 연출하여 자신의 자유로운 마음이나 자유롭고 싶은 희망을 나타나내기도 하고, 상어에게 먹히는 장면과 사람의 낚시 활동을 통해서 낚이는 양육강식의 자연 순환양식 속에서 곤란과 역경, 죽음에 관한 심리를 많이 나타내었다. 물의 많음과 혼탁한 정도 그리고 흐름의 세기와 넓이, 때로는 거슬러 올라가야 하는 폭포를 통하여 그들이 인지하고 있는 심리적 환경도 용이하게 나타내었다.

2) 새의 이미지 상징

새는 하늘을 날기 위한 가벼운 깃털과 유연한 날개, 튼튼하면서도 가벼운 부리, 꼬리와 다리 등 각 부분들은 아름답고 유연한 선의 흐름으로 연결되어 있다. 새의 몸체와 연결되는 날개의 형태는 몸체에서 끝 쪽으로 날렵해지는 구조를 지니며, 그 형태에서 부드럽게 선이 살아 움직이는 날갯짓을 통하여 생명의 약동하는 힘을 느끼게 한다.

새는 자연에 존재하는 생물 중에서도 날 수 있는 특성으로 인해 예로부터 인간에게 선망과 동경의 대상이 되어 왔다. 새는 자유로운 삶을 갈구하는 인간들의 정신적 대행자로서 숭배되어 오거나 하늘과 땅, 바다 모두를 지배하는 우상으로 예술, 종교, 신화, 문학 등 인간 생활사 전반에 걸쳐 상징성을 내포해왔다. 심리적으로 하늘을 날고 있는 새는 자유로워지고 싶은 욕구를 암시한다.

새의 가장 기본적인 특성은 비상성으로서, 현실을 초월한 이상의 세계를 동경하는 인간에게 있어 날아가는 새의 모습은 원초적인 비상욕망과 초월의 욕구를 대신하여 준다. '그 초월을 나타내는 가장 대표적인 매체는 새이며 상징문제에 있어 이미 새는 해방과 자유의 상징으로 자주 논의되어 왔다'(강우석, 1986).

공간의 구속을 받지 않고 자유로이 천상과 지상을 오가는 새의 행위는 바로 현실의 절박함과 한계성을 벗어나는 행동인 것이다. 따라서 새는 초월의 욕망과 함께 자유, 환희, 이상 등의 관념을 함축한다. 특히 날개는 새의 상징물로서 인간의 순수한 꿈과 이상을 나타내는 것이 일반화되어 있다. 연약한 깃털로 덮인 새의 모습은 외부의 도전물로부터 쉽게 상처를 입을 듯 보이는 까닭에 인간의 모습으로 은유되기도 한다.

날아가는 새의 모습에서 희망적이고 긍정적인 이미지를 발견할 수 있는 한편, 앉아 있는 새의 모습에서는 한가함과 고독함을 느낄 수 있다. 더 나아가서 날갯죽지가 꺾였거나 갇혀있어서 날 수 없는 새, 날개를 잃은 새와 떨어지는 새의 모습에서는 절망적이고 부정적인 이미지를 발견할 수 있는데, 자유롭지 못한 인간은 날지 못하는 새의 모습에서 자신의 좌절을 볼 수 있다.

아동과 청소년들도 친숙한 상징인 새의 이미지를 통하여 자신의 욕망과 자유, 이상을 나타내며 좌절과 외로움, 연약함, 갇힘, 답답함 등의 부정적인 감정을 나타내는 데도 활용한다. 새로 인해 나타나는 공간은 때로는 새장이거나 실내, 야외의 광활한 하늘로, 구름과 바람과 해, 비로 인한 맑은 날씨나 흐린 날씨로, 아침과 저녁의 때, 달과 별 등의 표현으로 자신들의 심리적 환경을 극적으로 잘 나타내고 있다.

4 이야기 치료

'아동의 환경평가' 진단그림은 아동의 상상력에 기반을 두고 새와 물고기에 자신을 동일시하고 감정을 이입시킨 후 하나의 장면을 만들게 된다. 아동에 의해서 그림으로 창조된 이 한 장면은 아동의 심리적 환경의 한 단면을 보여 주며 아동에 대한 많은 정보를 내포하게 된다.

그림 자체는 이야기의 주제, 등장인물, 장면 등의 문학요소를 포함하고 있다. 아동이 그린 '아동의 환경평가' 진단그림은 등장 동물의 성격, 그들 간의 관계, 배경의 분위기와 상황, 현재의 일어나고 있는 일과 과거의 이야기 그리고 일어날 미래의 이야기를 포함하여 이야기 거리로 활용된다. 이러한 그림 속 아이템을 이용하여 아동은 자신이 경험한 감정과 바라는 희망과 욕구 등을 나타낸다.

한 장의 그림은 이야기 세계를 만들어 내는 시각적 언어를 충분히 활용한 의사소통 매체가 된다(김소양 외, 2001). 그림 자체가 곧 이야기를 만들어내며, 그림에 대한 설명과 대화를 통해서 아동은 자신만의 언어로 표현하고 상상 속 이야기를 전개시킨다.

아동에게 있어서 일상의 언어와 일반으로 감정을 표현하는 단어들은 개인 감각으로 보면 너무 메마른 것이다. 이 말들이 아동이 사용하기에는 너무나 무미건조하다. 아직 무방비인 상태로 세상을 살아가는 그들의 삶을 담아낼 수 있을 만큼 강하지가 못하다. 이러한 말들은 아동이 때때로 경험하는 감정의 힘과 결합하지 못한다. 온갖 색채와 마법, 이미지, 흥미로운 사건들, 밝은 빛으로 가득한 상상의 세계에서 살고 있는 아동들에게 있어서 감정이 없는 진부한 말들은 정서로 충만한 상상속의 경험들을 잡아낼 수가 없다. 또한 이야기를 사용한다는 것은 아동들에게 일상인 언어로 감정을 이야기하는 것이 갖고 있는 한계를 인정하는 것이다. 이야기는 문자 그대로인 일상 언어보다 훨씬 더 깊고 직접적으로 아동들과 의사소통할 수 있다. 일상 언어로 감정에 대해 말하는 것은 원 안에서 맴도는 것과 같다. 왜냐하면 일상 언어는 사고의 언어이기 때문이다. 반면에 이야기를 할 때나 인형, 찰흙, 그림 그리고 모래상자를 갖고 놀 때 사용되는 언어는 상상의 언어인데, 바로 이것이 아동의 자연스러운 언어이다(서정애, 2010).

이야기 만들기는 이야기를 만드는 사람의 삶의 방식과 가치, 신념을 드러내며 자기 자신의 경험과 더불어 다른 사람과 어떻게 관계하는지를 간접적으로 보여준다(Parry, 1998). 이야기 만들기는 이야기를 구성하는 여러 요인의 수준을 분석해 봄으로써 '발달 척도의 분석'도 가능하게 한다. 이야기를 만드는 한 개인의 자아개념과 이야기의 주제 간에는 밀접한 상호관계가 있는데, 이는 아동이 만드는 이야기가 아동의 자기 지각 및 자아 상태에 대한 이해를 제공하게 됨을 보여주며, 이야기의 변화에 따라 아동의 자기지각에 대한 변화를 알 수 있음을 나타낸다.

또한, 그림 및 이야기를 만들어 내는 것은 인간의 가장 근원적인 사고 형태인 무의식에서 유래되었다고 할 수 있다. 인간이 그림을 그리고 이야기를 하게 되는 데는 많은 이유가 존재하겠지만, 그중 하나는 인간의 마음속에 존재한 투사된 내용들을 포함하고 있는 '혼돈의 덩어리'를 표현하고 이를 인식하기 위한 것이다(Jung, 1984a). 이야기 중심 그림에 의해서 드러나게 되는 심상의 표현인 상징과 은유는 전체성과 균형을 이루기 위한 노력을 하면서 치유적인 영향력을 가지게 된다. 상징과 은유는 정신적인 내용을 무의식에서 의식으로 움직이도록 돕고 주변 시야를 초점에 맞추기 위한 수단이 되는 것이다(Furth, 2002).

살빈(Sarbin)은 특히 자기 이야기가 종종 다양한 다른 이야기들의 파편들로 이루어져 있는 가운데 자신의 삶에 대한 자기 구성적 이야기거나 혹은 서사적 모형과 일치되는 삶으로부터 거의 문자 그대로 행동하는 것일 수 있다고 하였다(이소영, 2005). 이야기 만드는 과정을 통해 자연스럽게 자신의 문제를 바라보고 재해석하며 다시 인식하게 되는 치료적 효과가 생기게 되는 것이다. 그 이유는 이야기가 사람들이 자신의 삶을 이해하고 구성하는 데 관여하는 인간의 창조물이기 때문이다. 이야기는 단순한 의사전달을 위한 것이 아니라 세계와 인간의 삶에 적극적으로 관여하여 영향력을 미치게 된다. 이야기가 삶 자체를 구성하며 그 삶에 어떤 변형을 가할 수 있는 힘을 지니게 되는 것이다(고미영, 2008).

치료적인 이야기는 또한 너무 힘든 감정들을 다루기 위해서 상상력을 사용한다. 상상력은 때로 감정에 대해 이야기하는 데 있어서 인지보다 훨씬 더 유용하다. 정서적으로 힘든 시기에 사람들은 똑같은 예전의 대답들, 불안, 자기비하 그리고 비판적인 내면의 목소리를 계속해서 반추하는 경향이 있다. 치료적인 이야기는 아동의 '사고되지 않은 앎'(unthought known, Bollas, 1987)에 대해 말할 수 있게 한다. 사고되지 않은 앎이란 '정확히 알고 있지만, 생각해본 적이 없는 것'을 말한다. 그것은 그림이나 음악을 접할 때 마음속 깊은 곳을 건드려지는 그 원인과 관련된 기억은 찾을 수 없을 때와 같다. 아동이 이야기를 통해서 이것과 접촉할 때 그는 자신이 깊이 이해받는다는 느낌을 갖는다. 그것은 진정한 위안의 느낌이다. 그것은 '사고되지 않은 앎'이라고 부를 수 있을 때 충분히 생각되고 느껴질 수 있다(서정애, 2010).

이야기 치료를 치료적 관점에서 바라보면, 첫째, 무엇보다도 이야기를 할 때는 은유적이고 상징적인 내용으로 표현되기 때문에 위협적이지 않은 방법으로 자신의 문제에 접근할 수 있게 만든다는 데 있다(Brems, 1999). 이야기

속의 상징과 은유는 자신과 자신의 가치 그리고 자신의 세계에서 새롭고 창조적인 관점을 즐기기 위해 사용될 수 있다(Goodman, 1985).

두 번째로 치료적인 의미를 가진 이야기 속의 상징과 은유는 내담자와 치료자 그리고 이야기 사이에서 공감적인 관계를 창조한다. 내담자는 자신이 창조한 인물과 사건에서 동일시의 느낌을 발달시키며, 이러한 동일시는 현실의 삶속에서 이야기의 일부를 가져오는 전환의 힘을 가져오게 만들어 (Gordon,1978), 삶의 개선, 재해석, 재구성하는 효과를 갖게 한다(Mills & Crowley, 1986).

세 번째 효과로는 자신의 경험을 담은 이야기를 하면서 표현되는 상징과 은유가 대인관계의 문제를 설명하고 해결을 제안하며 내담자 스스로 인식하도록 돕고, 그들의 상황을 뚜렷하게 하여 문제 재구조화에 이용된다는 데 있다(Barker, 1985).

네 번째 효과는 내재화된 능력으로 보다 솔직하고 자신 있게 도전하는 것이 촉진되어 다양한 대안적 문제해결을 시도하고 유능한 문제해결에 도달함으로써 자신에 대한 자긍심을 갖도록 한다는 점이다(Goodman, 1985; Morgan, 2000).

마지막으로 이야기 만들기의 다섯 번째 효과로 창조된 이야기는 현실의 생활에 전환되는 힘이 있으며 사회화 과정을 돕게 한다는 데 있다(Gordon, 1978).

결과적으로 치료적인 이야기는 매우 중요한 심리적 메시지를 담고 있다. 치료적인 이야기는 무엇보다도 아동과 공감하기 위해 만들어진 것이지 비난하거나 경멸하려는 것이 아니다. 그것은 아동이 삶에서 부딪히는 일반적인 딜레마나 문제 또는 실존적인 위기와 관련된 심리적인 메시지를 전달한다 (Margot, 2007).

4장

상담 사전과 사후 진단그림 활용 사례

상담 장면에서 상담 전과 후의 결과를 평가하기 위해서 진단그림을 사용하게 된다. 아동과 청소년들의 문제는 가정환경, 교우관계환경, 사회환경 등 다양하고 포괄적인 환경 속에서 형성되는 만큼 '아동의 환경평가'를 실시할 경우 빠르게 그들의 문제적 환경이 드러나므로 상담 전의 진단그림으로 매우 유용하다. 또한, 상담 후의 진단그림에서도 그 변화과정이 잘 나타난다. 또는 해결된 문제를 떠나 다른 문제를 드러내기에도 용이하다.

1 사례 1

대상: 고등학교 1학년 남학생

| 그림 4-1 |

상담 사전그림 그림 4-1

"저 멀리 다른 새들은 계절의 때를 알고 떠나고 있는데, 새 한 마리가 남겨져서 나무에 혼자 앉아 있어요. 하늘에 노을이 졌고 호수에 비추어지고 있어요. 아!! 그런데 새가 6마리네요. 아 신기하다. 지난번 난화 때에 6이라는 숫자가 나왔잖아요."

이 학생은 난화기법을 통한 첫 상담 과정에서 '6'이라는 숫자가 자신이 초등학교 때 가장 친하게 지냈던 여섯 명의 친구들을 나타내는 숫자임을 깨닫게 되었다. 무심코 그린 그림에서도 여섯 마리의 새들이 자신을 떠나가고 있으며 홀로 남겨진 것과 같은 정서임을 드러내었다. 미술치료 상담 장면에서 그림으로 자주 보여지는 '노을'과 '물', '겨울', '앙상한 나뭇가지' 등의 이미지에 대한 상징적 의미는 외로움과 우울감, 에너지 고갈을 상징한다.

| 그림 4-2 |

15회기 상담 이후 그림 그림 4-2

'보통 새들은 아침에 먹이를 구하지만 이 새는 저녁에 나왔는데도 더 큰 고기를 먹이로 구하게 되었어요'라고 말한다. '오 대단한데! 전의 새는 때를 놓치고 홀로 외롭게 나무 위에 있었잖니, 이제 목표를 잡은 것인가?'라고 묻자 '살 길을 얻은 거죠'라고 학생은 말을 하였다. 학교생활에 대하여 물어보니 교우관계도 편해지고 의사표현도 잘하고 잘 넘긴다고 대답을 하였다. 새가 역동적으로 날갯짓을 하며 물고기를 잡는 모습은 무력했던 전의 모습과는 다르게 무엇인가를 목표로 행동하고자 하는 마음이 생겼다는 의미를 전하고 있다.

내담자는 중학교 시절에 학교친구들에게서 매를 많이 맞거나, 질이 안 좋은 친구들에게서 괴롭힘을 받았다. 결국 장기 결석을 하게 되었고 학기 도중에 전학을 하였다. 그 후 공고에 진학을 하였으나 전혀 공부도 하지 않으며 집에서도 게임을 주로 하고 자신의 미래에 대한 긍정적인 계획이 없고 매사에 의욕이 없었다. 이 학생의 부모는 재혼부부로 전 남편 사이에서 낳은 딸이 있으며 현 남편 사이에서 내담자 학생을 낳았다. 현재의 남편이 전 남편이 사망하면서 남겨놓은 보험료 등을 다 써버리는 등 경제적인 어려움 속에서 계속적인 부부싸움의 갈등이 있어 가정이 화목하지 않았다.

15회기의 미술치료 상담을 받은 후 쉬어(Shere et al., 1982)가 반두라(Bandura, 1977)의 자기 효능감 이론의 개념에 입각해 제작한 자기 효능감 척도(Self-Efficacy Scale: SES)를 홍혜영(1995)이 번안한 질문지를 사용했을 때 이 학생의 일반적 효능감 점수가 22점 상승, 사회적 효능감 점수가 11점 상승되었으며 **그림 4-2**와 같은 결과를 얻게 되었다.

'환경평가 그림 진단'을 상담의 전, 후 결과로 종종 사용하고 있는데, 그 때

마다 진단이 매우 용이하며 그 풍부한 변화의 내용까지 잘 반영하고 있음을 깨닫게 된다.

2 사례 2

대상: 중학교 1학년 여학생

| 그림4-3 |

상담 사전그림 그림4-3

물고기1이 울고 있어요. 낚시 줄에 물려 있는 상황 때문인데 물고기2는 그저 바라만 보고 있어요. 도와주려고 해도 도와줄 수가 없어요. 마음이 아프고 짠한 느낌이 들어요. 그리고 보고만 있지 않고 구하더라도 죽을 수밖에 없는 상황이죠. 그 상황이 너무 슬퍼요. 눈물이 나요. 그런데 울 수가 없네요. 나에게는 눈물이 없기 때문이지요. 그 상황에서 너무 놀란 여자 아이가 바라보면서 트라우마를 경험하고 있어요.

내담자는 트라우마를 경험하고 있는 여자아이가 자신이라고 말을 하면서 자신은 어찌할 수 없는 무능력하고 힘도 없고 아무 쓸모없는 사람이라고 말하는 중학교 1학년 여학생이다. 엄마와 아빠가 집에서 자주 다투는 등 가정상황이 평화로운 가정이 아니고, 그럴 때마다 자신은 너무 힘들다고 말하고 있다.

| 그림4-4 |

10회기 상담 이후 그림 그림4-4

엄마와 아빠도 서로 사이가 좋아지고 자신도 친구와 잘 지낼 수 있어서 '참으로 행복하다'라고 말하고 있다. 엄마와 아빠를 상징하는 새의 그림 사이에 하트 표현을 해놓고, 자신과 친한 친구 사이는 물고기로 표현하면서 서로 친한 모습의 그림을 그렸다. 연못에는 위협적일 수 있는 낚싯줄이 드리워져 있으며 검은 바위들이 놓여있는 것으로 보아 심리적 어려움과 그러한 상황들은 아직 남아있어 보인다. 그러나 자신은 친구와 잘 지내고 있다고 말하듯이 이제는 개의치 않고 행동을 할 줄 아는 것 같다. 또한 자신의 바람을 그림으로 잘 드러내며 표현을 하고 있다는 점 등이 긍정적인 변화라고 판단된다.

내담자는 소심하고 우울한 성향의 중학교 1학년 여학생이다. 친구 관계도 조금 힘들어 하고 외국인(베트남) 새엄마와 의사소통도 잘 되지 않아 힘들어 하는 모정이 그리운 학생이다. 상담을 하면서 엄마와의 상담도 4회기 정도 진행하였다. 엄마에게 딸의 힘듦과 심리적으로 애정이 많이 필요함을 말하고 받아들일 수 있도록 요청하였는데, 엄마가 이 부분을 이해하고 마음으로 받아주면서 행동 변화와 심리적 변화가 많이 나타나기 시작하였다. 10회기 미술치료를 실시하면서 또래관계 및 모와의 애정 관계, 소통, 대화가 다소 해결되는 것으로 많은 관계가 진전되었는데 이 환경 진단그림검사에서도 그와 같은 점이 고스란히 반영되어 나타나는 것을 알 수 있었다.

참고문헌

강우석(1986). 한국현대시의 상징성 연구. 성균관대학교 대학원 박사학위논문.

고미영(2008). 이야기치료와 이야기의 세계. 서울: 청목출판사.

김연순(2001). 가정환경 변인이 초등학생의 학교생활적응에 미치는 영향에 관한 연구. 경기대학교 교육대학원 석사학위논문.

김연희(2002). 소통으로서 물고기 상징 작업 연구. 중앙대학교 대학원석사논문.

김재은(1988). 그림에 의한 아동의 심리진단. 서울: 교육과학사.

김진숙(2011). 아동학대 변별도구로서 좋아하는 날씨(FKW)그림의 평가기준개발. 영남대학교 대학원 미술치료학과 박사학위논문.

노영운(2005). 아동이 지각한 심리적 가정환경과 자아존중감 및 학교생활적응과의 관계분석. 전주교육대학교 교육대학원 석사학위논문.

민병기(2002). 아동의 스트레스 대처모델에 관한 시도적 구성: 지원과 자기효능감 중심으로. 인하대학교 대학원 박사학위논문.

박은주(2005). 초등학생의 학교적응에 관한 연구: 부모, 친구, 교사관계를 중심으로. 춘천교육대학교 교육대학원 석사학위논문.

박정희(2000). 초등학교 교실의 사회 심리적 환경과 소외수준 연구. 한국교원대학교 교육대학원 석사학위논문.

박행자 · 한유진(2011). 분석심리학적 관점에서 본 물의 상징에 대한 연구. 모래놀이치료연구 제17권 제2호.

배선윤(2007). 은유치료: 문학에 대한 은유치료. 경북대학교 대학원 석사학위논문.

서경아(2003). 가정환경이 초등학생의 진로의식 성숙에 미치는 영향. 서울교육대학교 교육대학원석사학위논문.

서정애(2010). 그림이야기 만들기를 활용한 집단미술치료가 저소득층 아동의 자아존중감에 미치는 효과. 영남학교 환경보건대학원 미술치료학과 석사학위논문.

수잔 핀처 저, 김진수 역(1998). 만다라를 통한 미술치료. 서울: 학지사.

신민섭 외(2006). 그림을 통한 이동의 진단과 이해-HTP와 KFD를 중심으로. 서울: 학지사.

안정애(2003). 어린이의 HTP검사반응에 대한 해석과 특징연구. 건국대학교 교육대학원 석사학위논문.

유미 · 정선화(2011). 가족미술치료와 물고기가족화의 해석. 경기: 이담북스.

융, C. G. 저, 이부영 외 역(1983). 인간과 무의식의 상징. 서울: 집문당.

이근매(2008). 미술치료 이론과 실제. 경기: 양서원.

이근매 · 아모키 도모코(2017). 그림과 미술작품의 이해를 돕는 상징사전. 서울: 학지사.

진쿠퍼 저, 이윤기 역(1996). 그림으로 보는 세계문화상징 사전. 서울: 도서출판 까치.

최외선 외(2006). 미술치료기법. 서울: 학지사.

최충식(2006). 청소년의 스포츠활동 참가와 사회적지지 및 학교생활 적응의 관계. 한국교원대학교 대학원 박사학위논문.

홍은주 · 최은정 공역(2008). 그림 속에 숨겨진 마음의 세계. 서울: 학지사.

홍혜영(1995). 완벽주의 성향, 자기 효능감, 우울과의 관계연구. 이화여자대학교 대학원 석사논문.

히로꼬 사사키(2004). 그림책의 심리학. 서울: 우리교육.

Barker, R. G. (1968). *Ecologicai psychology: Concept and Methods for studying the environment of human behavior*. Standford University Press.

Bloom, B. S. (1964). *Stability and Change in Human Characteristic*. New York: Happer & Brothers Publishers.

Bronfenbrenner, U. (1986). Ecology of the family as a context for human develoment: Research perspectives. *Developmental Psychology,* 22(6).

Bronfenbrenner, U., & Morris, P. (1998). The ecology of developmental processes. In W. Damon (Seris Ed.) & R. M. Lerner(Vol. Ed.), *Handbook of child psychology: Vol. 1. Theoretical models of human development* (5th ed), Vol. 1, 993–1028. New York: Willey.

Cobb, S. (1976). Social support as a moderator of life stress. *Psychosomatic Medicine*, 38(5), 300–314.

Dubow, E. F., & Tisak, J. (1989). The relation between stressful life events and adjustment in elementary school children: The role of social support and social problem–solving skills. *Child Development*, 60, 1412–1423.

Furth, Gregg M. (2002). The Secret world of drawings. Inner City Books.

Goodman, J. (1985). *Turning point: New developments in values clarification*. Saratoga Springs. New York: Creative Resource Press.

Gordon, D. (1978). *Therapeutic metaphor*. Cupertino, CA: Meta.

Hammer, E, F. (1958). *The clinical application of projective drawings*. Springfield. IL: Charles C. Thomas.

James, L. R., & Sell, S. B. (1981). Psychological climate: Theoretical perspectives and empirical research. In Magnusson ed. *Toward a Psychology of situation*. Hillsdale. Lawerence Eribaum.

Johnson, D., Skon, L., & Johnson, R. (1980). Competitive and Individualistic Conditions on children's problem performance. *American Educational Research Journal. Spring, 17(1).*

Jung, C. G. (1976). *Psycholgical Commentary on Kundalini Yoga Spring*. An Annual of Archetypal.

Lowenfeld, V. (1947). *Creative and mental growth*. New York: Macmillan.

Lowenfeld, V., & Brittain, W. (1982). *Creative and mental growth* (7th ed.). New York: Macmillan.

Manning, T, M. (1987). Aggression depicted in abused children's drawings. *The Arts in Psychotherapy*. 14, 15–24.

Margot Sunderland & Nicky Armstrong(2007). *Helping children with low self–est eem*.

A Speechmark Book.

Mills, J. C, & Crowley, J. (1986). *Therapeutic metaphors for children and the child within*. New York: Brunner/Mazel.

Morgan, A. (2000). *What is narrative therapy?* Adelaide: Dulwich Centre Publictions.

Oosterwewgel, A., & Oppenheimer, L. (1993). *The self-system:Developmental changes between and within self-concepts*. Hillsdale, NJ: Erlbaum.

저자소개

■ **박은미** pem-1128@hanmail.net

영남대학교 대학원 미술치료학과 박사과정 졸업(미술치료학 박사)
한국미술치료학회 미술치료전문가

전) 서울 한강여자중학교 미술교사
　영남대학교 대학원 미술치료학과 외래강사
현재) 엠마오마산미술치료연구소 소장

저서) 비블리오드라마를 활용한 집단미술치료
　노인상담론(공저)
　케어복지론(공저)

■ **백경미** white9021@hanmail.net

영남대학교 대학원 미술치료학과 박사과정 졸업(미술치료학 박사)
한국미술치료학회 미술치료전문가

전) 영남대학교 대학원 미술치료학과 외래강사
현재) 제주대학교 사범대학 부설중학교 교사

저서) 마음풍경(존재론적 성찰을 통한 미술치료 임상사례)
　희망을 심는 학급단위 집단미술치료의 이해

새가 되고 물고기가 되어서

초판 1쇄 인쇄 / 2020년 11월 16일
초판 1쇄 발행 / 2020년 11월 20일

공저자 / 박은미 · 백경미
발행인 / 이 중 수
발행처 / **동 문 사**

서울특별시 서대문구 홍제원 1길 12
(홍제동 137-8)
Tel : 02)736-3718(대), 736-3710, 3720
Fax : 02)736-3719
등록번호 : 1974.04.27. 제9-17호
가격 : 22,000원

ISBN : 979-11-6328-211-2(93370)
E-mail : dong736@naver.com
www.dongmunsa.com